U0033161

東京電車

自助超簡單

黃德修 文・攝影

作者序
到日本自助旅行！

　　年輕人愛旅行，中年人想要去旅行，銀髮族當然也可以來一趟自助旅行啊！我想，應該沒有人不愛旅行，因為旅行可以到不同的國家或地方，品嘗不同的飲食，體驗不同的文化，過過不同的生活。經歷一趟不同國度的旅行，再度回到自己生長的地方之後，大部分的人應該都會有一種不虛此生的感受，甚至於開始期待下一趟的旅程！

　　日本暢銷漫畫《課長島耕作》系列作者弘兼憲史到臺灣訪問時也曾表示，他認為最適合銀髮族的消費方式就是「旅行」，並表示自己經常與身邊的同齡朋友組團旅行，他認為這是一種「享受成年人的畢業旅行」。可見，想要讓自己的人生有更豐富的體驗，不致於產生白白走這一遭的遺憾，則非旅行不可！

　　許多人都期待能夠自助旅行，但往往因為行程規劃的問題、預訂旅館的問題、交通的問題、語言溝通的問題，甚至於年齡的問題而作罷；其實，這些都不是問題，自助旅行沒有年齡限制，只看你願不願意付諸行動！筆者在日本自助旅行時，經常看到歐美的中年夫妻攜家帶眷、銀髮族二度蜜月，自由自在地享受自助旅行的樂趣，而到日本自助旅行的臺灣人卻幾乎都是年輕人。臺灣許多銀髮族都擅長日語，到日本旅行，語言溝通上應該不成問題；就算是不懂日語的年輕人或中年人，也可以藉由漢字筆談或簡單的英語解決溝通問題，輕鬆自在地享受到日本自助旅行的樂趣！

　　筆者希望能夠將多年到日本自助旅行的經驗告訴大家，提醒大家應該注意的事項，讓喜歡自助旅行的年輕人、中年人或銀髮族都能快速掌握自助旅行的訣竅，並開始規劃、付諸行動，達成到日本自助旅行的夢想！

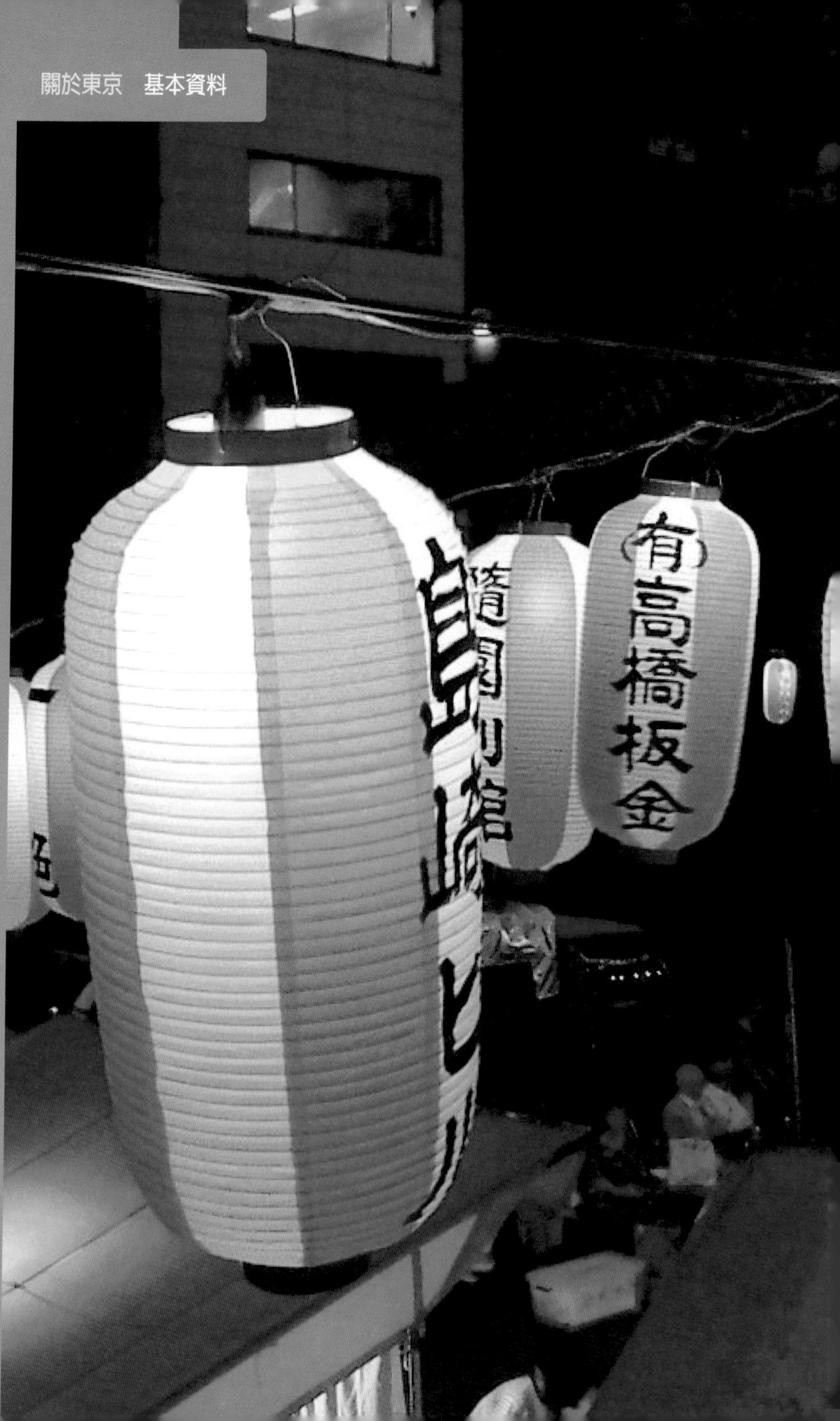
有高橋板金

東京概況

關於東京

歷史背景

　　西元 1603 年，德川家康結束了日本戰國時期的分裂局勢，在東京近郊的「江戶」成立幕府，日本歷史進入「江戶時代」。德川幕府積極建設江戶地區，開放與外國通商，促進文化交流，使江戶成為當時日本的政治、經濟中心。

　　西元 1868 年，明治天皇取回政權，定都江戶，並易名為「東京」，日本的歷史進入了「明治時代」。明治天皇主政期間，徹底實行「明治維新」改革運動，加速日本的現代化，使日本一躍成為亞洲第一強國。

　　西元 1923 年 9 月，關東大地震及其所引發的火災造成 14 萬人的傷亡，倒塌的房屋超過 30 萬棟，東京變成一片廢墟。二次大戰期間，東京遭受盟軍猛烈的轟炸；戰爭結束後，東京在一片荒蕪中重建。

　　西元 1950 年韓戰爆發，軍需物資的需求促使日本經濟迅速發展。西元 1960 年代，日本經濟高度成長，家電用品大量生產，東京居民生活品質大幅提升。西元 1962 年時，東京已成為人口突破 1,000 萬人的大都會。

　　西元 1990 年代，日本泡沫經濟崩潰，造成東京經濟蕭條，一蹶不振。歷經十多年，情況逐漸獲得改善。

　　今天的東京，不但是日本的首都，東北亞重要的國際交通樞紐，更是亞洲流行文化的先驅，鄰近國家的青少年文化都受到相當大的影響。東京街頭，處處讓人感受流行

與前衛，同時又存在豐厚的文化古蹟遺產，使東京兼具了傳統與現代的特色；寧靜幽雅的古剎名寺與奢靡浮華的夜生活區形成強烈對比，讓人留下深刻的印象！

地理位置

東京都位於本州東部的關東平原。東邊是千葉縣，西面為山梨縣，北鄰埼玉縣，西南接神奈川縣，東南面臨東京灣，總面積約為 2,189 平方公里，占日本全國面積的 0.6%。行政區域包括 23 個特別行政區、26 個市、5 個町、8 個村，以及分布在東京灣海域的伊豆群島和小笠原群島。

基本資料

人口

　　據統計，東京都的人口為全日本 47 個都道府縣中排名第一，約為 1,339 萬人（西元 2015 年 4 月），人口密度也是全日本第一，每平方公里約 6,117 人，實在驚人！

氣候

　　東京位於日本本州東部，地處北溫帶地區，氣候受海洋與季風影響，溫和多雨，四季分明，是典型的溫帶季風氣候。夏季高溫多雨，常有颱風來襲；而冬季氣候較為乾燥。

　　春季（3-5 月）平均氣溫約為 13.7℃，舒適涼爽，適合旅遊，但早晚溫差較大。此時也是日本「櫻花祭」期間，以東京著名的賞櫻名所「新宿御苑」為例，賞櫻期約為 4 月 5 日至 4 月 11 日止。

　　夏季（6-8 月）平均氣溫約為 26℃，8 月是最炎熱的月份，氣溫大多在 30℃ 以上，也是颱風最常發生的季節。此時到東京旅遊，最好攜帶雨具，也要注意防曬。

　　秋季（9-11 月）平均氣溫約為 19.8℃，天氣開始轉涼。10 月以後氣溫逐漸下降，變成乾冷的氣候，皮膚容易乾裂；此時，潤膚乳液成為旅日時必備的重要保養品。到了 11 月，進入賞楓期，楓紅時期約為 11 月 15 日至 12 月 10 日，在

上野公園、新宿御苑、芝公園、井之頭恩賜公園等地都可以欣賞到紅葉。

　　冬季（12~2 月）氣溫偏低，平均氣溫都在 7℃以下，遇到寒流來襲時，常會飄雪。如果選擇這個時候到東京旅遊，一定要注意保暖，以免受寒。

時差

　　臺灣與日本的時差為 1 小時，臺灣時間比日本時間慢 1 小時，即：臺灣時間＋1 小時＝日本時間。因此，到日本旅遊時，要記得將手錶的時間調快 1 小時；而由日本回臺灣後，也要將時間調慢 1 小時。

貨幣

　　日本的貨幣單位是「円」（日圓），以「￥」表示，共有十種。紙鈔分為 10,000 円、5,000 円、2,000 円及 1,000 円四種，其餘六種均為硬幣，幣值分別為：500 円、100 円、50 円、10 円、5 円及 1 円。本書中的金額以「￥」表示時，代表日圓價格之意。

國定假日

日本的國定假日，除了國際機場的設施之外，各公家機關、銀行、旅遊服務中心都放假一天。由於周休二日，如果再遇到周一或周五為國定假日，就會形成連續假期，造成旅遊熱潮，各旅館幾乎都會客滿；因此，遇到這些日子時，最好先預訂旅館。

日期	日本國定假日	中文意思
1月1日	元旦	元旦
1月第二個星期一	成人の日	成人節
2月11日	建国記念の日	建國紀念日
3月春分當天	春分の日	春分節
4月29日	昭和の日	昭和節
5月3日	憲法記念日	憲法紀念日
5月4日	綠の日	綠化節
5月5日	子供の日	兒童節
7月第三個星期一	海の日	海洋節
9月第三個星期一	敬老の日	敬老節
9月秋分當天	秋分の日	秋分節
10月第二個星期一	体育の日	體育節
11月3日	文化の日	文化節
11月23日	勤労感謝の日	勞動節
12月23日	天皇誕生日	天皇誕辰

旅遊旺季

以下四段假期是日本的旅遊旺季，在這期間，日本國內的長途列車及旅館都會客滿；所以，想要在此時到日本自助旅行，一定要先預訂旅館，以免臨時投宿無門。

· 黃金周假期：4月27日至5月6日。
· 暑假期間：7月20日至8月31日。

・盂蘭盆會期間：8 月 11 日至 8 月 20 日。
・歲末新年期間：12 月 28 日至翌年 1 月 6 日。

電壓

　　臺灣的電壓為 110V，而日本的電壓是 100V、50~60Hz，雖然差了 10V，仍然可通用；所以，到日本旅遊時，數位相機或電動刮鬍刀等電器用品充電時，不必使用變壓器，非常方便。

東京旅遊計畫

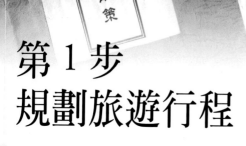

第1步
規劃旅遊行程

　　雖然在東京自助旅行並不困難，但行前還是要先規劃好行程，以免到了東京之後，不知何去何從，掃了旅遊的興致。建議讀者先看看本書中的景點介紹，把最想去的地方列出來，再配合旅行天數及交通動線排好行程；除了像迪士尼樂園等遊樂園要玩一整天之外，其餘一天安排兩、三個景點就足夠，避免為了趕行程淪為走馬看花，如此才能享受一趟豐碩、愉快的旅程！

　　行程確定後，要趕快申辦護照、訂購機票，並預約旅館。之後，就可以製作具有個人特色的「旅遊活動手冊」，以便在旅途中隨時寫下所見所聞及心情感言，同時又能蒐集各地的紀念戳章，為日後留下永不磨滅的甜蜜回憶！

　　如果沒時間自己預約旅館，則可以參加旅行社的「自由行」行程。由旅行社代訂機票及飯店，以飯店為據點做區域旅遊，觀覽附近的景點名勝，也訓練自己的膽識，為下一次的自助旅行做準備；如此，就可以放心地暢遊日本了！

第一次東京自助旅行參考行程

東京全家福之旅（5天4夜，適合親子同遊）

天數	行程
第一天	臺北→東京　旅館附近的景點、商店街 （宿：東京旅館4晚）
第二天	東京迪士尼樂園 （或迪士尼海洋、Hello Kitty 彩虹樂園）
第三天	台場一日遊（東京狄克斯海濱、水色城市、台場購物廣場、維納斯城堡、大摩天輪，使用百合海鷗線一日券）
第四天	淺草觀音寺、上野公園、動物園、阿美橫町
第五天	東京都廳展望室　東京→臺北

東京青春逍遙遊（7天6夜，適合年輕人旅行）

天數	行程
第一天	臺北→東京　新宿通、歌舞伎町 （宿：東京旅館6晚）
第二天	原宿竹下通、香榭大道、明治神宮、渋谷中心街
第三天	東京迪士尼樂園 （或迪士尼海洋、Hello Kitty 彩虹樂園）
第四天	新橫浜拉麵博物館、橫浜地標塔、日本丸紀念公園、橫浜中華街、山下公園
第五天	台場一日遊（東京狄克斯海濱、水色城市、台場購物廣場、維納斯城堡、大摩天輪，使用百合海鷗線一日券）
第六天	淺草觀音寺、東京晴空塔、上野公園、阿美橫町
第七天	築地市場　東京→臺北

東京舒活之旅（7天6夜，適合銀髮族二度蜜月）

天數	行程
第一天	臺北→東京　逛旅館附近的商店街（宿：東京旅館6晚）
第二天	淺草觀音寺、上野公園、動物園、阿美橫町
第三天	東京都廳展望室、新宿御苑、新宿通、歌舞伎町
第四天	築地市場、江戶東京博物館、深川不動堂、富岡八幡宮
第五天	橫浜地標塔、日本丸紀念公園、橫浜中華街、山下公園
第六天	巢鴨地藏通商店街、高岩寺、池袋陽光城
第七天	東京→臺北

大東京浪漫之旅（10天9夜，適合新婚夫妻蜜月旅行）

天數	行程
第一天	臺北→東京　新宿通、歌舞伎町（宿：東京旅館 6 晚）
第二天	東京迪士尼樂園（或迪士尼海洋、Hello Kitty 彩虹樂園）
第三天	新橫浜拉麵博物館、橫浜地標塔、日本丸紀念公園、橫浜中華街、山下公園
第四天	原宿竹下通、香榭大道、明治神宮、涉谷中心街
第五天	巢鴨地藏通商店街、高岩寺、池袋陽光城
第六天	台場一日遊（東京狄克斯海濱、水色城市、台場購物廣場、維納斯城堡、大摩天輪，使用百合海鷗線一日券）
第七天	伊東海洋城、湯之花通、東海館、按針碑（使用小田急伊東觀光二日券，宿：伊東民宿 1 晚）
第八天	大室山火山口、伊豆仙人掌公園、一碧湖（宿：東京旅館 2 晚）
第九天	東京晴空塔、淺草觀音寺、合羽橋道具街、阿美橫町
第十天	東京→臺北

第 2 步
申辦護照（日本旅遊免簽證）

　　沒有護照的人在行程規劃好之後，就可以開始申辦護照；中、英文姓名譯寫可以上「外交部領事事務局」網站（www.boca.gov.tw）查詢。有護照的人則要看看護照的效期是否在「出國日起 6 個月以上」，如果沒有，就必須辦理一本新護照。

　　各國機場在檢驗入境旅客的護照時，會要求護照的有效期限必須在 6 個月以上，才會准予入境；否則，很可能會被原機遣返。此外，臺灣人到日本旅遊免辦簽證，而且最長可以在日本停留 90 天。

辦理機關：外交部領事事務局

　　上班時間：周一至周五 08:30~17:00（中午不休息，周三至 20:00。）

辦理單位	地址	電話
臺北局本部	10051 臺北市中正區濟南路 1 段 2-2 號 3 樓	（02）2343-2807 （02）2343-2808
中部辦事處	40873 台中市南屯區黎明路 2 段 503 號 1 樓	（04）2251-0799
雲嘉南辦事處	60045 嘉義市東區吳鳳北路 184 號 2 樓	（05）225-1567
南部辦事處	80143 高雄市前金區成功一路 436 號 2 樓	（07）211- 0605
東部辦事處	97053 花蓮市中山路 371 號 6 樓	（03）833-1041

所需證件

繳驗資料	費用	完成時間
1. 填寫申請書 2. 舊護照（無則免附） 3. 兩吋彩色證件照片 2 張（白色背景） 4. 身分證正本 5. 身分證正、反面影本各 1 份（按大小裁剪好） 6. 兵役證明文件（服完兵役至滿 36 歲除役前之男性） 7. 戶口名簿正本、影本 1 份（14歲以下未領身分證兒童）	新臺幣 1,300 元 （14歲以下兒童900元）	4 天

＊新護照有效期限：成人 10 年，兒童 5 年。

第 3 步
訂購機票（確認機位）

　　拿到護照後，就可以開始訂機票，因為機票上的英文姓名必須和護照上一樣，所以等護照確定後再訂機票比較妥當。

　　訂購機票，可以先到各大票務公司的網站瀏覽，如：易遊網、燦星、玉山、廣德、東南旅行社等，比較各家航空公司班機的機票價格、機票效期、往返時刻、班次多寡等，才能以較便宜的價錢買到最適宜的機票。

　　使用信用卡刷卡買機票即可獲得保險，如：飛機起降險、班機延誤險、行李延誤險、行李遺失險、劫機險等，部分發卡銀行甚至提供全程的旅遊平安險；所以，建議用刷卡的方式購買機票。

　　一般而言，購買機票時，旅行社就會幫顧客代訂機位，除非是價格特別低廉的促銷票或在一位難求的旅遊高峰期，旅行社才會要求顧客自己訂位。自己訂位的方法很簡單，只要打電話向航空公司訂位組告知你的英文姓名、出發與回程的日期、時間就可以了；等機位 OK 後，再請旅行社開票，然後打電話告知航空公司你的機票號碼，以便確認機位。

　　現在的機票大多是「電子機票」，在收到旅行社寄出的電子郵件後，自行列印出來就可以了；如果無法列印，也可以要求旅行社列印後再以信件寄出。出發當天，在班機起飛時刻至少 1.5 小時前到達機場，出示電子機票及護照，向航空公司櫃檯劃位。

第4步
預約旅館、變更或取消

預約旅館

到東京自助旅行，訂房方式很簡單，許多旅館或飯店都有網頁，讀者可以在網路上訂房。預約的旅館最好距離車站不遠，走路10分鐘以內較為適宜，活動進行也較為便利。

網路訂房的方法很簡單，只要在雅虎、蕃薯藤、Google 等各大入口網站搜尋「東京民宿」、「東京旅館」或「東京住宿」等，就可以找到許多資料，再選擇適合的旅館訂房。

不懂日文的人可以在旅館的首頁上看看有沒有中文或英文連結，如果有，表示這旅館應該通華語或英語，選擇這類旅館就更安心了。訂房時要寫出自己的電子郵件信箱或傳真號碼，以方便旅館聯繫之用。懶得上網找旅館的人乾脆參加旅行社的「自由行」，問題就解決了。下面的表格提供讀者 E-mail 或傳真訂房時參考使用。

旅館收到訂房資料後，會回覆 E-mail 或傳真要求做「確認」的動作。只要確定收到的訂房資料無誤，就可以用 E-mail 回覆或在回傳資料上寫「確認します」，簽名後再回傳給旅館即可。

宿泊予約する（住宿預約）

日付（西元日期）：＿＿＿年＿＿＿月＿＿＿日

・施設名（旅館名稱）：＿＿＿＿＿＿＿＿＿＿＿＿＿＿＿＿＿＿＿＿＿＿へ

・設施地址、電話、FAX：＿＿＿＿＿＿＿＿＿＿＿＿＿＿＿＿＿＿＿＿＿

・予約者（預約人）：＿＿＿＿＿＿＿＿＿＿＿＿＿＿＿＿＿＿＿＿＿＿＿

・住所（預約人地址）：＿＿＿＿＿＿＿＿＿＿＿＿＿＿＿＿＿＿＿＿＿＿

・電話、FAX（傳真）：0033- 010- 886- 2-＿＿＿＿＿＿＿＿＿＿＿＿＿＿

（※ 不懂日語者可不留電話）

・E-MAIL（電子郵件）：＿＿＿＿＿＿＿＿＿＿＿＿＿＿＿＿＿＿＿＿＿＿

・宿泊期間（住宿期間）：

＿＿＿年＿＿＿月＿＿＿日～＿＿＿月＿＿＿日＿＿＿泊（晚）

・到着時刻（進房時間）：午後（下午）＿＿＿時＿＿＿分

・宿泊人数（住宿人數）：＿＿＿＿名。大人（成人）＿＿＿＿名、小人（兒童）＿＿＿名

・部屋のタイプ（房間型式）：（※ 依旅館情況填寫）

□和室（榻榻米房）、□洋室（彈簧床房）

□禁煙（禁菸房）、□喫煙（抽菸房）

□シングル（單人房）＿＿＿＿＿＿室

□ダブル（單床雙人房）＿＿＿＿室、□ツイン（雙床雙人房）＿＿＿＿＿室

□トリプル（三人房）＿＿＿＿＿室、□フォース（四人房）＿＿＿＿＿＿室

・クレジットカードで、支　っても　いいですか。（可以刷卡付費嗎？）

＿＿＿＿＿＿＿＿＿＿＿＿＿＿＿＿＿＿＿＿＿＿＿＿＿＿＿＿＿＿＿＿＿

（※ 此欄由旅館填寫）

預約變更

　　如果行程變動，想更改訂房日期，一定要儘早通知旅館，讓對方即早做準備，自己也會玩得更放心。假如連人數或房間數都需要調整時，可以在預約變更書的空白處註明即可。

予約変更する（預約變更）

日付（西元日期）：＿＿年＿＿月＿＿日

・ 施設名（旅館名稱）：＿＿＿＿＿＿＿＿＿＿＿＿

　すみません、私の　旅行計画が　チェンジしましたので、

　△月△日の予約を　○月○日に　変更したいのですが、

　　　　　　　どうも　すみません。

（很抱歉，我的旅遊計畫改變了；因此，想把△月△日的預約更改為○月○日，謝謝！）

・ 署名（簽名）：＿＿＿＿＿＿＿＿＿＿＿＿

・ E-MAIL（或 FAX）：＿＿＿＿＿＿＿＿＿＿

取消預約

　　萬一旅遊計畫改變，無法到預訂的旅館投宿時，一定要儘速通知旅館。有些人沒有養成這種習慣，行程改變後，也沒有通知預約的旅館，使旅館因空留房間而遭受損失，以致有些日本民宿或旅館不再接受臺灣人訂房，造成日後臺灣自助旅行者的不便與困擾，讀者們要特別注意！

予約取り消す（取消預約）

　　　　　　日付（西元日期）：＿＿＿年＿＿月＿＿日

・　施設名（旅館名稱）：＿＿＿＿＿＿＿＿＿＿＿＿＿＿

　すみません、私の旅行計画が　チェンジしましたので、

　　　　◇月◇日の予約を　取り消して　ください。

　　　　　　　　どうも　すみません。

（很抱歉，因為我的旅遊計畫改變了，請取消◇月◇日的預約，謝謝！）

・　署名（簽名）：＿＿＿＿＿＿＿＿＿＿＿＿＿＿＿＿

・　E-MAIL（或 FAX）：＿＿＿＿＿＿＿＿＿＿＿＿＿＿

東京住宿參考網站

- 東京便宜住宿（東簡宿）：www.e-otomari.jp
- 東京下町便宜民宿：
  members2.jcom.home.ne.jp/asakusafukudaya/index.html
- 樂天日本全國住宿網：travel.rakuten.co.jp/yado/japan.html
- agoda 訂房網：www.agoda.com
- Booking.com 訂房網：www.booking.com/index.zh-tw.html
- Tripadvisor 訂房網：www.tripadvisor.com.tw

第 5 步
兌換日圓、投保旅遊平安險

兌換日圓

　　決定到日本旅遊後，就要開始注意日圓匯率的變動，多比較各銀行日圓買進／賣出的匯率，再到銀行兌換，才能以較優惠的價格換得日圓。此外，機場裡的銀行營業處也有提供外匯兌換的服務。

　　至於要兌換多少日圓，可依照行程長短及個人情況決定。一般說來，包含機票及住宿、用餐、交通費在內，7 天的行程大約花費 3~4 萬臺幣，其間的差距就看個人的狀況而定了。

　　出國旅遊，最好隨身攜帶 1、2 張信用卡，以備不時之需；但也不要帶太多張，以免因遺失造成困擾。

投保旅遊平安險

　　為求心安與保障，出國前可考慮投保全程的旅遊平安險。投保前先衡量自己的狀況，再決定投保的產險公司及金額。如果因忙碌忘了事先投保，也可以在出國當天向各產險公司設在機場裡的營業處辦理投保。

　　本身若已有參加保險，如：儲蓄險、人壽險、意外險，可以向投保的產險公司詢問「海外急難救助卡」的相關事宜，以確保自身的權益。

第 6 步
行前檢查、再次叮嚀

行前檢查表（自行參酌攜帶）

記號	檢查項目
	護照（正、影本各 1 份）
	電子機票（機位確認）
	旅館訂房單
	海外急難救助卡
	旅遊平安保險
	日圓現金
	臺幣少許
	信用卡
	換洗衣物
	旅遊手冊、筆
	數位相機、記憶卡
	相機電池、充電器
	隨身小背包
	衛生紙少許

記號	檢查項目
	洗衣粉少許
	簡便盥洗用具
	摺疊式雨傘
	隱形眼鏡藥水
	電動刮鬍刀
	個人專用藥品
	臺灣風味紀念品
	零食、茶包、咖啡包
	旅遊書籍
	短褲（夏季攜帶）
	擦汗小毛巾（夏季攜帶）
	摺扇（夏季攜帶）
	泳褲、泳裝（夏季攜帶）
	潤膚乳液（秋、冬季攜帶）
	手套、圍巾（秋、冬季攜帶）
	毛帽、口罩（秋、冬季攜帶）

再次叮嚀

　　出發前要特別檢查個人專用藥品及物品，如：隱型眼鏡藥水、曼秀雷敦、刮鬍刀等，一定要記得攜帶；征露丸及摺疊式雨傘、筆、筆記本最好也能帶著，以備不時之需。在日本，感冒藥、頭痛藥、咳嗽藥等，一般藥妝店或百貨店都買得到。

　　如果方便，可以準備一些具有臺灣特色的紀念品或地圖；萬一有事麻煩陌生人幫忙時，可以送給對方做紀念，以增進兩國人民間的友好關係。

東京旅遊須知

東京旅遊錦囊

到東京自助旅行，如果能運用旅遊上的小技巧，不但能放心地四處遊走，也能節省許多旅費。下面幾項實用的旅遊經驗，提供給即將到東京自助旅行的讀者們參考。

食

食券販賣機

餐點模型

到東京旅遊，當然就得品嘗東京大眾化的飲食，如：定食、拉麵、壽司或咖哩飯等，才能真正體驗東京人的飲食生活。至於有哪些名店，依筆者的看法，只要在路上看到想要吃的，都可以去嘗嘗看；畢竟，每個人喜歡的口味不同，旅遊書中介紹的美食是否合乎所有人的胃口，也是個問號。日本大文豪遠藤周作也曾在其著作《狐狸庵食道樂》中提到，他不相信書籍介紹的美食餐廳，所以，都是靠自己的舌頭走食於目黑一帶，直覺覺得好吃的店，幾乎都是八九不離十，就是這個道理。

大多數的餐飲店門口，都會擺放各種餐點的模型或壓克力看板，並附上標價，讓顧客明白各種餐點的價格。有些餐飲店會在店門旁放置一台「食券販賣機」，顧客須先購買餐券，再用餐；所以，日語不靈光的人可以選擇這一類的餐飲店。萬一沒有「食券販賣機」，則可以把想要的餐點名稱寫在紙上，再交給服務人員；或者，乾脆請服務人員出來，再指著餐點模型告訴他，問題就解決了！

不管是在家裡或外面吃飯，日本人習慣在開動前說聲：「いただきます。」（我要開動了，Itadakimasu）才開始動

1-6 大眾化飲食店

丼飯（燒鳥丼）

朝食（納豆煎魚）

日式便當

咖哩飯（可樂餅）

定食（豬排）

拉麵（叉燒）

烏龍麵（油豆腐）

筷子。吃完後，如果是使用餐券的店，向服務人員說聲：「ごちそうさま。」（謝謝款待，Gochisousama）就可以離開；如果不是使用餐券的店，向服務人員說聲：「ごちそうさま。」就表示要結帳的意思。

　　日本超市（スーパー，Supa）所販售的物品都比較便宜，種類又多，且提供微波加熱服務；因此，到旅館投宿後，可以向櫃檯詢問附近的超市位置，或是自己到周圍地區找找看。到超市購買便當、麵包、飲料、水果作為晚餐、消夜或隔天的早餐都很划算。購買涼麵、便當、泡麵或壽司時，一定要向收銀員索取「はし」（筷子，Hashi）；否則，就只能用手抓起來吃了。

　　雖然日本到處都有自動販賣機，但飲料的價格實在不便宜；因此，可以先在超市買好大瓶裝（1 或 2 公升），隔天再分裝成小瓶（500 毫升）帶出去，水分補給就不會缺乏了。喜歡喝茶或咖啡的人，可以帶一些茶包或咖啡包出國；這樣，每天都可以喝到自己喜歡的茶或咖啡了。

　　想要大吃一頓，卻又不知道該如何選擇時，可以考慮參考路邊發送的廣告單。找一家看起來料理不錯、價格公道或「食べ放題」（吃到飽）的餐廳試試看吧！

衣

　　東京許多旅館或民宿會設置「投幣式洗衣機」和「烘衣機」，提供住宿旅客洗衣物的服務。旅館附近也會有自助式洗衣店（コインランドリー，Coin Laundry），解決外出旅遊者洗衣服的困擾；所以，到東京自助旅行時，不要帶太多衣物，行李越簡單越好。以夏季為例，衣著與在臺灣時相同即可，背包裡放幾件換洗的衣物，就當作在臺灣環島旅行一樣；建議不要帶著大型行李箱，否則可能徒增累贅。冬季時，除了貼身衣物之外，外衣褲根本不用換；由於東京的空氣乾淨、不潮溼，連續穿一個月也不顯得髒，日本人的冬季大衣也都是持續穿到初夏時，再洗好、收到櫃子裡。

　　要換洗的衣物先用塑膠袋裝好，累積一定數量後，再使用投幣式洗衣機清洗，既省時又方便。或者，也可以攜帶免洗褲、免洗襪，連洗衣服都省了。

　　所謂「自助式洗衣店」，就是無人看守，一切都由顧客自己動手的洗衣店，臺灣現在也有這種店。店裡會放置幾臺「投幣式洗衣機」和「烘衣機」，有些也會附設「洗衣粉販賣機」。顧客只要將衣物和洗衣粉放人洗衣槽中，再投入硬幣，洗衣機就會開始運轉，從注水、洗衣，一直到排水、脫水，都是全自動的；烘衣機也是如此。洗衣機使用一次約需 ¥200 ～ 300，時間大約 30 分鐘；而烘衣機每次約需 ¥100，烘衣時間約 10-15 分鐘。

住

在東京旅遊時，如果投宿的是商務旅館或一般飯店，就沒有什麼特殊的禮節要遵守；但如果投宿在日式的溫泉旅館或民宿時，就要遵守主人的規定與習慣，如：進出民宿時，要在入口處換鞋子、養成主動與民宿家人打招呼的習慣、遵守民宿的門禁時間等。

不論住旅館或民宿，主動與打掃人員或服務人員打招呼是一種基本禮貌，早上遇到時可以說：「おはようございます。」（早安，Ohayo gozai masu）或簡單的「おはよう。」（Ohayo）下午以後則說：「こんにちは。」（你好，Kon nichiwa）就可以了。

在投宿的過程中，如果覺得民宿主人特別親切熱心，想表達臺灣人的熱情友善，可以事先準備一些具有臺灣特色的紀念品或觀光地圖送給對方，相信一定能增進兩國間的國民外交情誼！

行

在東京自助旅行，最主要的交通工具就是電車、地鐵與公車。不論電車或地鐵，在車站的售票機上方，會有詳細的「電車路線及車資」標示圖，不同電車路線會使用不同的顏色做區隔；只要認清楚圖上的標示，就不會搭錯車或買錯票了。

萬一真的買錯車票，必須補票時，只要將手中的車票投入車站裡的「精算機」（補票機）中，精算機的螢幕就會顯示需要補繳的差額。投進這個金額後，精算機會掉出一張補好差額的車票，用這張車票就可以通過自動收票機了。

由於東京電車及地鐵的系統繁雜，容易使人搞錯，下面的建議請讀者們務必參考！

1. 車站出入口閘道附近如有電車路線圖，可隨手拿一張，帶在身上隨時查詢。
2. 在電車路線圖上圈出當天要去的景點車站、途中轉乘的車站，就可以清楚地掌握路線。
3. 轉乘時，先看清楚月臺上的標示圖，確定後再搭車，比較不會搭錯車；無法確定時，寧可問人或搭下一班。

4. 萬一坐錯車時,可以在下一站下車,再根據「電車路線圖」或「月臺標示圖」搭乘正確的班車。

5. 東京地區的特快、快速與普通電車的車資相同,只差停靠站數的多寡。如果要去的景點這三種電車都有靠站,以搭乘特快或快速電車為宜;若只有普通車靠站,則可以先搭乘特快或快速電車到附近的站,再轉乘普通電車,可以省下很多時間。

　　東京都營公車以都區內運輸為主,車資為¥210(半票¥110),對旅遊者而言,搭乘的機會不多;所以,在東京自助旅行時,還是以搭乘電車或地鐵較為舒適與便捷。

　　東京計程車計費方式,一般車資 2 公里內為¥730,之後每跑 280 公尺跳表¥90,遇到紅燈或時速 10 公里以下則每 1 分 45 秒跳表¥90,22:00 至 05:00 時段須加收 2 成車資。以東京車站到晴空塔(約 7.94 公里)為例,單程地鐵車資¥200,若搭乘計程車則需¥2,710。所以,除非萬不得已,還是以搭乘電車或地鐵較為划算!

投幣式置物櫃
(コインロッカー,Coin Locker)

　　日本各車站或旅遊景點都會設置「投幣式置物櫃」,提供遊客暫時寄放行李的服務。遊客可以把不想攜帶的行李寄放在「投幣式置物櫃」中,輕鬆自在地旅遊觀光;尤其是離旅館入住時間還早時,就可以使用「投幣式置物櫃」解決攜帶行李的困擾。

　　投幣式置物櫃的計費方式通常是以 24:00(有些是01:30)為分界,不論什麼時候開始使用,超過分界時間就要加計一天。如果在分界時間剛過之後放置行李,則可以連續放 24 小時,但若有用鑰匙打開櫃子,計幣器的金額就會歸零,必須重新投幣才可以再使用;所以,它是以次數計費,也是以天數計費的機器。

　　要注意的是,行李最多只能寄放三天。第三天晚上時間截止以前,一定要先將行李取出,等時間過後,再重新寄放;否則,管理員會將行李送進倉庫中保管,寄放者必須憑鑰匙向管理員繳費後,才能領回行李。

依櫃子空間的大小不同，所需的費用也不同：小櫃子一天￥300，中櫃子￥400，大櫃子￥500~600。

優待券（割引券）

在東京旅遊，時常可以拿到各式各樣的「割引券」，如：餐飲、購物、住宿、遊樂場、主題樂園、美術館等都有。有些優待券是放在車站的服務處、旅遊中心或大廳一角供遊客自由取用，有些則是商店派人在路邊發送，也有的必須在顧客消費後才會贈送。無論如何，有人發送時不妨先拿著，也許會因此省下一些旅費。

筆者在日本旅遊時，也常使用這些優待券節省花費。由於使用優待券，吃到不少位於巷弄裡的道地料理，投宿在物超所值的新式旅館，甚至連帶回臺灣的伴手禮都是買一送一呢！

電話

日本國內電話

在日本，打國內電話的方式與臺灣稍有不同；不管是否跨區域，都必須加撥區域碼。每一通的基本話費是￥10，可以使用￥10的硬幣或電話卡。一般的電話卡每張為￥1,000，可以撥打105通，電話卡在便利商店、公共電話旁的自動販賣機或車站內的小賣店都可以買到。

國際直撥電話

從臺灣打國際直撥電話到日本，最簡便的方法就是在日本的電話號碼前加上「009-81-區域碼去掉0」後，就可以直撥到日本。以直撥到東京為例，即：009-81-3-東京電話號碼。

除了中華電信之外，許多私人電信公司也有提供手機國際漫遊的服務，如：東森寬頻、遠傳、台灣大哥大等。有手機的朋友，可以向手機公司詢問相關的資訊，如：撥打方式、資費計算、適用國家……，以選擇最有利的方式來使用。

從日本打國際電話回臺灣時，要特別注意所使用的電話系統。由於日本的國際電話系統繁多，不熟悉的電話卡最好不要隨便買，以免因用錯系統而誤認電話壞掉。下面列出日

本較常見的國際電話系統供讀者們參考：

電話系統	代碼	直撥回臺灣的方式
KDD	001	代碼 -010-886- 區域碼去掉 0- 臺灣電話號碼
NTT	0033	
ITJ	0041	
IDC	0061	

電腦網路

東京許多旅館或飯店都有提供電腦上網服務，大部分是客人自備手提電腦就可以上網，也有的會設置網路區讓客人使用；有些是完全免費，有些只提供固定時數免費，超過時間必須收費，旅館與飯店的訂房網頁上會有詳細介紹。讀者們若有需求，在訂房前要先看清楚網頁上的說明，或是在到達旅館後直接詢問櫃檯人員。

此外，東京各大電車站、百貨公司及旅遊景點如：東京晴空塔、池袋陽光城、高島屋百貨、台場新市鎮……等，也有提供遊客免費 Wi-Fi 無線上網服務，各景點的介紹資料或網頁都有詳細說明。

消費稅

日本物品標價有些含稅，有些不含稅，並不統一。目前消費稅已調高至 8%，因此在東京購物時，要特別注意，若物品售價標示為「￥500（稅拔）」，表示不含稅，付費時須另加￥40 稅金，為￥540；若標示為「￥500（稅込）」，表示已含稅，不須額外加稅。

有些百貨公司或購物商場為了吸引外國遊客，會有免稅的服務；只要當天購買消費性商品（食品、化妝品、藥品、菸酒類等）總金額超過￥5,001 以上，或是其他商品金額滿￥10,001 以上，就可以憑護照和收據辦理退稅。

東京及周邊優惠車票

　　東京及周邊地區有各種不同的電車優惠車票，本書中介紹包括：都區內一日券、東京地下鐵一日券、東京雙地鐵共通一日券、東京地鐵券、東京環遊一日券、百合海鷗線一日券、橫浜‧港未來一日券、鎌倉‧江之島一日券、箱根周遊券、小田急伊東觀光二日券、東海巴士伊東觀光一日券等，若能妥善運用，可以省下不少車錢，詳細介紹請參閱各分區景點。

全國優惠車票

青春 18 車票（青春 18 きっぷ）

　　青春 18 車票是一種季節性的「5 日套票」，一年當中只有三段期間可以購買使用。每張車票可以自己一個人使用，也可以幾個人一起使用；可以連續 5 天使用，也可以間隔好幾天再使用，彈性相當大。

　　遊客在使用期限內，可以不限次數搭乘日本全國的 JR 鐵路普通、快速、特快（新快速）電車及 JR 公車、JR 宮島航路渡輪，其餘車種則不能搭乘；不過，由於沒有使用者國籍或年齡的限制，廣受日本國內自助旅行者的喜愛。

　　每張車票的票價為￥11,850，沒有半票，平均一天的車資為￥2,370。以日本車資標準而言，算是相當便宜的，讀者們可以根據自己的行程決定是否購買使用。售票地點在 JR 各大車站的綠色窗口（みどりの窗口）、旅遊服務處（びゅうプラザ）或各大旅行社。

售票及使用期限

售票季節	售票期間	使用期限
春季車票	2 月 20 日 -3 月 31 日	3 月 1 日 -4 月 10 日
夏季車票	7 月 1 日 -8 月 31 日	7 月 20 日 -9 月 10 日
冬季車票	12 月 1 日 -12 月 31 日	12 月 10 日 - 翌年 1 月 10 日

日本鐵路周遊券 (Japan Rail Pass)

雖然只在東京地區旅遊不會使用到「日本鐵路周遊券」；不過，為了讓讀者了解這種優惠車票，特別做一些說明。

到日本自助旅行時，如果行程中必須搭乘新幹線子彈列車，就應該先預購日本鐵路周遊券；不但方便，而且可以省下不少交通費用。舉例說明：從東京「成田國際機場」到「東京車站」再到「新大阪」，搭乘「成田特快電車」（成田 EXPRESS 電車）加上「新幹線子彈列車」往返的車資共需 ¥34,320，而一張可以使用 7 天的周遊券只要 ¥29,110。

周遊券依使用天數分為 7 天、14 天及 21 天三種，遊客可以在使用期限內，不限次數搭乘日本全國的 JR 鐵路電車、新幹線子彈列車（但のぞみ希望號、みずほ瑞穗號除外）、JR 長途巴士及 JR 宮島航路的渡輪。

購買及使用周遊券的資格限制為：持用「短期滯在」（短期停留，最長 90 天）簽證到日本旅遊的外國觀光客。如果是日本國籍者，必須是居住在日本國外，且符合下列兩項條件之一，才可以購買使用：1. 擁有住在國永久居留權。2. 與外國人結婚，且配偶不住在日本。

遊客必須先在其國內購買「兌換券」，到日本後，再兌換成周遊券使用。購買兌換券時，會隨書附贈詳細的使用方法、兌換地點、各 JR 服務中心的營業時間、子彈列車種類、日本全國新幹線地圖等相關資料。

周遊券的等級雖然分為「綠色車廂」及「普通車廂」兩種；不過，根據筆者實際使用的經驗認為，只是車廂及票價不同，其他並沒有什麼差別。

日本鐵路周遊券票價

天數／票價	綠色車廂（Green）		普通車廂（Ordinary）	
	成人	兒童	成人	兒童
7 天	¥38,880	¥19,440	¥29,110	¥14,550
14 天	¥62,950	¥31,470	¥46,390	¥23,190
21 天	¥81,870	¥40,930	¥59,350	¥29,670

緊急聯絡單位

　　旅日期間，萬一真有急需，可以請求投宿的旅館幫忙、聯絡臺北駐日代表處、撥打旅外國人急難救助專線，或是向 AMDA 國際醫療情報中心求助。

臺北駐日代表處

臺北駐日經濟文化代表處

· 地址：東京都港區白金台 5-20-2

· 電話：（03）3280-7811

· 傳真：（03）3280-7934

· 上班時間：周一至周五 09:00~12:00，13:00~18:00。

· 急難救助專線：（03）3280-7917、080-6557-8796、080-6552-4764。

· 交通：

1. 東京地下鐵南北線或都營三田線「白金台」車站 1 號出口，步行約 5 分鐘。

2. JR 山手線目黑車站，步行約 10 分鐘，就在國立自然教育園旁。

3. JR 目黑車站東口搭「品 93」、「東 98」、「黑 77」、「橋 86」公車→「白金台 5 丁目」下車。

臺北駐日經濟文化代表處橫浜分處

‧地址：橫浜市中區日本大通 60 番地，朝日生命橫浜大樓 2 樓

‧電話：（045）641-7736～8

‧傳真：（045）641-6870

‧上班時間：周一至周五 09:00~12:00，13:00~17:00。

‧急難救助專線：090-4746-6409、090-4967-8663。

‧交通：

　1. 港未來線（みなとみらい線）日本大通車站 2 號出口，
　　 步行約 2 分鐘。

　2. JR 根岸線關內車站南口，步行約 5 分鐘。

旅外國人急難救助專線

　　我國政府為了加強保護僑民及旅外遊客安全，特別設立「旅外國人急難救助全球免付費專線」電話，24 小時由專人接聽服務。讀者們在日本旅遊時，如果臨時發生急難事故，卻又無法與臺北駐日代表處聯繫時，可直接或透過親友向外交部「旅外國人急難救助聯繫中心」尋求協助。

　　從日本直撥回臺灣急難救助中心的免付費電話號碼為：001-010-800-0885-0885 或 0033-010-800-0885-0885，建議讀者們赴日旅遊前，先將電話號碼寫下來隨身攜帶。

AMDA 國際醫療情報中心

服務地區	電話	諮詢時間	語言
東京地區	（03）5285-8088	周一至周五（09:00-17:00）	華語
關西地區	（06）4395-0555	周二（10:00-13:00） 周三、周四（13:00-16:00）	華語

ラウンジ
ㅏ VIP 라운지

🛫 出発ゲート
탑승구 登機門
Gates

亞熱帶商店 SU CS GIFT

臺灣機場概況

桃園國際機場

　　從桃園國際機場飛抵東京成田國際機場的航程大約 3 小時 20 分鐘。目前往返於兩機場的直航班機有：美航（AA）、長榮（BR）、華航（CI）、國泰（CX）、達美（DL）、復興（GE）、臺灣虎航（IT）、日航（JL）、香草（JW）、馬航（MH）、全日空（NH）、酷航（TZ）及聯合航空（UA）。各班機時刻會隨著旅遊季節做調整，詳細航班及時刻表可上「桃園國際機場」網站（www.taoyuan-airport.com）查詢。

　　桃園國際機場有兩個航廈，即第一航廈（TERMINAL 1）與第二航廈（TERMINAL 2），前往之前要看清楚機票上的記載，以免跑錯航廈延誤報到時間。

從桃園國際機場出境

　　為了避免突發狀況，最好能在班機起飛前 2 小時到達機場辦理出境手續，其步驟如下：

Step 1 　報到、劃位與托運行李

　　向搭乘的航空公司櫃檯報到，並出示護照、機票辦理劃位及托運行李（頭等艙與商務艙 30 公斤、經濟艙 20 公斤，無大型行李則免托運）。完成後，領回護照、機票，並領取登機證與行李托運卡。

　　部分航空公司提供「自助報到」服務，旅客可使用網路報到、手機報到或現場自助報到機辦理報到劃位手續，詳情

請參閱機場網頁或詢問所搭乘的航空公司。

　　須注意的是：超過 100 毫升的液體、膠狀及噴霧類物品必須放在托運行李內，不可隨身攜帶上機；沒有超過 100 毫升的上述物品必須裝在不超過 1 公升且可重複密封之透明塑膠袋內，才可以放在隨身行李中。此外，若攜帶外幣超過 1 萬美金等值、2 萬人民幣或 10 萬臺幣以上時，必須先向海關申報，以免被查到沒入。

Step 2 安全檢查

　　到「出境登機入口」接受安全檢查，須出示護照、登機證，將身上之金屬物品取下放入置物籃內，與隨身行李一同接受 X 光檢查，並走過金屬偵測門接受身體探測檢查。

Step 3 查驗證照

　　到出境證照查驗櫃檯，出示護照、登機證接受查驗。通過後，就可以走到登機門。行動不便、孕婦或需要協助者可向「出境服務臺」請求協助，由地勤服務人員協助推輪椅、攜帶行李、通關、登機等事項。

　　出境大廳的移民署櫃檯可申辦「自動查驗通關服務」，有辦理者，往後出入境臺灣都可由自動查驗出口通關，不必排隊等候。也可以在回國時於「入境證照查驗區」申辦。

　　申辦者須準備護照與身分證（或健保卡、駕照），並符合下列資格：1. 年滿 14 歲且身高 140 公分以上。2. 未受《入出國及移民法》禁止出國處分之有戶籍國民，或是有在臺居留資格且有多次入出境許可證的外國人。

Step 4 快樂登機

　　依照登機證上面的時間，走到登機門等候區聽候廣播登機。

登機門 Gates A1-A9
登機門 Gates B1-B9,B1R
登機門 Gates C1-C10,C5
登機門 Gates D1-D10,D5

從桃園國際機場入境

　　從東京成田國際機場飛回桃園國際機場後，順著「入境」的指標走，準備辦理入境手續：

Step 1　人員檢疫

依動線經過發燒篩檢站，接受紅外線體溫檢測；若無問題，就可以前往證照查驗區。須注意的是：回國時攜帶的菸、酒、藥品或維他命等都有數量的限制，請參閱機場網頁公告，以免因超過而被罰。

Step 2　查驗證照

到入境證照查驗櫃檯，出示護照接受查驗；通過後，就可以去提領行李。有申辦「自動查驗通關服務」者可從自動查驗入口通關，不必排隊等候；請參閱前述出境之「查驗證照」說明（P47）。

Step 3　領取行李

到行李檢查大廳，看清楚所搭乘班機的行李輸送機臺，等候領取行李。

Step 4　海關檢查

領取行李後，若沒有超過免稅限額且無違禁品者，可選擇「免申報檯」（綠線）通關；否則就必須由「應申報檯」（紅線）通關。

須注意的是：若隨身攜帶外幣超過 1 萬美金等值、2 萬人民幣或 10 萬臺幣以上時，必須先向海關申報，以免被查到沒入。

通關後，若不想提行李，機場內也有提供行李宅配服務，服務處在第一航廈 1 樓入境大廳南側、出境大廳北側，以及第二航廈 1 樓入境大廳南側、3 樓出境大廳南側。

Step 5　平安賦歸

出了機場，就可以回家。若有親友接機，可將小客車停在機場附設的停車場內，30 分鐘內離場者免收停車費。

臺北松山機場國際線航站

　　從臺北松山機場飛抵東京羽田機場的航程大約 3 小時。目前往返於兩機場的直航班機有：長榮（BR）、華航（CI）、日航（JL）及全日空（NH）。各班機時刻會隨著旅遊季節做調整，詳細航班及時刻表可上「臺北松山機場」網站（www.tsa.gov.tw）查詢。

從臺北松山機場出境

　　為了避免突發狀況，最好能在班機起飛前 2 小時到達機場辦理出境手續，其步驟如下：

Step 1　報到、劃位與托運行李

　　向搭乘的航空公司櫃檯報到，並出示護照、機票辦理劃位及托運行李（頭等艙與商務艙 30 公斤、經濟艙 20 公斤，無大型行李則免托運）。完成後，領回護照、機票，並領取登機證與行李托運卡。

　　部分航空公司提供「自助報到」服務，旅客可使用網路報到、手機報到或現場自助報到機辦理報到劃位手續，詳情請參閱機場網頁或詢問所搭乘的航空公司。

　　須注意的是：超過 100 毫升的液體、膠狀及噴霧類物品必須放在托運行李內，不可隨身攜帶上機；沒有超過 100 毫升的上述物品必須裝在不超過 1 公升且可重複密封之透明塑膠袋內，才可以放在隨身行李中。此外，若攜帶外幣超過 1 萬美金等值、2 萬人民幣或 10 萬臺幣以上時，必須先向海關申報，以免被查到沒入。

`Step 2` **安全檢查**

到 2 樓「國際線登機入口」接受安全檢查，須出示護照、登機證，將身上之金屬物品取下放入置物籃內，與隨身行李一同接受 X 光檢查，並走過金屬偵測門接受身體探測檢查。

`Step 3` **查驗證照**

到出境證照查驗櫃檯，出示護照、登機證接受查驗。通過後，就可以走到國際線候機室。行動不便、孕婦或需要協助者可向「出境服務臺」請求協助，由地勤服務人員協助推輪椅、攜帶行李、通關、登機等事項。

出境證照查驗櫃檯可申辦「自動查驗通關服務」，有辦理者，往後出入境臺灣都可由自動查驗出口通關，不必排隊等候。也可以在回國時於「入境證照查驗櫃檯」申辦。

申辦者須準備護照與身分證（或健保卡、駕照），並符合下列資格：1. 年滿 14 歲且身高 140 公分以上。2. 未受《入出國及移民法》禁止出國處分之有戶籍國民，或是有在臺居留資格且有多次入出境許可證的外國人。

`Step 4` **快樂登機**

依照登機證上面的時間，走到國際線候機室聽候廣播登機。

從臺北松山機場入境

從東京羽田機場飛回臺北松山機場後，順著「入境」的指標走，準備辦理入境手續：

`Step 1` **人員檢疫**

依動線經過發燒篩檢站，接受紅外線體溫檢測；若無問題，就可以前往證照查驗區。

`Step 2` **查驗證照**

到入境證照查驗櫃檯，出示護照接受查驗；通過後，就

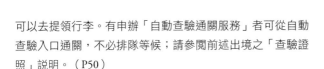

可以去提領行李。有申辦「自動查驗通關服務」者可從自動
查驗入口通關，不必排隊等候；請參閱前述出境之「查驗證
照」說明。（P50）

Step 3　領取行李

到行李檢查大廳，看清楚所搭乘班機的行李輸送機臺，
等候領取行李。

Step 4　海關檢查

領取行李後，若沒有超過免稅限額且無違禁品者，就可
以通關。須注意的是：若隨身攜帶外幣超過 1 萬美金等值、
2 萬人民幣或 10 萬臺幣以上時，必須先向海關申報，以免被
查到沒入。

通關後，若不想提行李，機場內也有行李宅配服務，就
在第一航廈入境大廳的黑貓宅急便櫃檯。

Step 5　平安賦歸

出了機場，就可以回家。若有親友接機，可將小客車停
在機場附設的停車場內，30 分鐘內離場者免收停車費。

高雄國際航空站

從高雄國際航空站飛抵東京成田國際機場的航程大約 3 小時 40 分鐘。目前往返於兩機場的直航班機有：美航（AA）、長榮（BR）、華航（CI）、日航（JL）、香草（JW）及全日空（NH）。各班機時刻會隨著旅遊季節做調整，詳細航班及時刻表可上「高雄國際航空站」網站（www.kia.gov.tw）查詢。

從高雄國際航空站出境

為了避免突發狀況，最好能在班機起飛前 2 小時到達機場辦理出境手續，其步驟如下：

Step 1　報到、劃位與托運行李

向搭乘的航空公司櫃檯報到，並出示護照、機票辦理劃位及托運行李（頭等艙與商務艙 30 公斤、經濟艙 20 公斤，無大型行李則免托運）。完成後，領回護照、機票，並領取登機證與行李托運卡。

部分航空公司提供「自助報到」服務，旅客可使用網路報到、手機報到或現場自助報到機辦理報到劃位手續，詳情請參閱機場網頁或詢問所搭乘的航空公司。

須注意的是：超過 100 毫升的液體、膠狀及噴霧類物品必須放在托運行李內，不可隨身攜帶上機；沒有超過 100 毫升的上述物品必須裝在不超過 1 公升且可重複密封之透明塑

膠袋內，才可以放在隨身行李中。此外，若攜帶外幣超過 1
萬美金等值、2 萬人民幣或 10 萬臺幣以上時，必須先向海關
申報，以免被查到沒入。

Step 2 安全檢查

到「出境登機入口」接受安全檢查，須出示護照、登機
證，將身上之金屬物品取下放入置物籃內，與隨身行李一同
接受 X 光檢查，並走過金屬偵測門接受身體探測檢查。

Step 3 查驗證照

到出境證照查驗櫃檯，出示護照、登機證接受查驗。通
過後，就可以走到登機門。行動不便、孕婦或需要協助者可
向「出境服務臺」請求協助，由地勤服務人員協助推輪椅、
攜帶行李、通關、登機等事項。

出境大廳的「自動查驗通關註冊櫃檯」可辦理「自動查
驗通關服務」，有辦理者，往後出入境臺灣都可由自動查驗
出口通關，不必排隊等候。也可以在回國時於「入境證照查
驗區」申辦。

　　申辦者須準備護照與身分證（或健保卡、駕照），並符合下列資格：1. 年滿 14 歲且身高 140 公分以上。2. 未受《入出國及移民法》禁止出國處分之有戶籍國民，或是有在臺居留資格且有多次入出境許可證的外國人。

Step 4　快樂登機

　　依照登機證上面的時間，走到登機門等候區聽候廣播登機。

從高雄國際航空站入境

　　從東京成田國際機場飛回高雄國際航空站後，順著「入境」的指標走，準備辦理入境手續：

Step 1　人員檢疫

　　依動線經過發燒篩檢站，接受紅外線體溫檢測；若無問題，就可以前往證照查驗區。

Step 2　查驗證照

　　到入境證照查驗櫃檯，出示護照接受查驗；通過後，就可

以去提領行李。有申辦「自動查驗通關服務」者可從自動查驗入口通關，不必排隊等候；請參閱前述出境之「查驗證照」説明（P53）。

Step 3 **領取行李**

到行李檢查大廳，看清楚所搭乘班機的行李輸送機臺，等候領取行李。

Step 4 **海關檢查**

領取行李後，若沒有超過免稅限額且無違禁品者，可選擇「免申報檯」（綠線）通關；否則就必須由「應申報檯」（紅線）通關。

須注意的是：若隨身攜帶外幣超過1萬美金等值、2萬人民幣或10萬臺幣以上時，必須先向海關申報，以免被查到沒入。

通關後，若不想提行李，機場內也有行李宅配服務，就在國際航廈3樓出境大廳西側。

Step 5 **平安賦歸**

出了機場，就可以回家。若有親友接機，可將小客車停在機場附設的停車場內，30分鐘內離場者免收停車費。

東京成田國際機場　東京羽田機場國際線航站

抵達東京機場

東京成田國際機場

　　在飛機上吃過餐點後，準備休息一下了；這時，空服員會開始發放「外國人入出境記錄卡」及「攜帶品 · 另寄品申報書」。要記得索取，並在機上填寫完成。下飛機後，就可以節省許多時間入境日本了。

　　東京成田國際機場共有三個航廈，即第一航廈（TERMINAL 1）、第二航廈（TERMINAL 2）和第三航廈（TERMINAL 3）。目前往返於臺灣（桃園國際機場、高雄國際航空站）和東京成田國際機場的直航班機有：美航（AA）、長榮（BR）、華航（CI）、國泰（CX）、達美（DL）、復興（GE）、臺灣虎航（IT）、日航（JL）、香草（JW）、馬航（MH）、全日空（NH）、酷航（TZ）及聯合航空（UA），各班機停靠的航廈不同，遊客需分辨清楚。

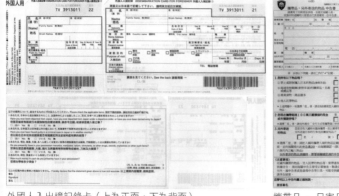

外國人入出境記錄卡（上為正面，下為背面）

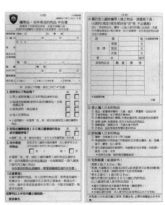

攜帶品 · 另寄品申報書（中文版）

從東京成田國際機場入境

飛抵東京成田國際機場後，順著「到着」的指標走，搭乘接駁電車到入境審查大廳辦理入境手續：

Step 1　查驗證照

在「入国審查」（入境證照查驗）櫃檯，出示護照、外國人入出境記錄卡接受查驗，護照套子必須拿掉。

Step 2　按捺指紋、拍照存檔

查驗證照時，依審查人員指示，按捺指紋並拍攝臉部照片。通過後，就可以去提領行李。

Step 3　領取行李

到行李檢查大廳，看清楚所搭乘班機的行李輸送機臺，等候領取行李。

Step 4　海關檢查

領取行李後，若沒有超過免稅限額且無違禁品者，出示護照、攜帶品・另寄品申報書從「綠色檢查台」（綠線）通關；否則就必須由「紅色檢查台」（紅線）通關。

Step 5　快樂入境

通過海關檢查後，就可以快樂地入境日本了。

機場→東京市區交通

電車（機場大廳地下一樓）

電車路線	概況說明
京成線	1. 搭乘「京成線特急電車」→日暮里（車程 66 分鐘）→京成上野（車資 ¥1,030，車程 70 分鐘）。 2. 搭乘「京成 Access Express 電車」→日暮里（車程 50 分鐘）→京成上野（車資¥1,240，車程 54 分鐘）。 3. 搭乘「京成 Sky Liner 電車」→日暮里（車程 36 分鐘）→京成上野（車資¥2,470，車程 41 分鐘）。 ※ 補充說明： ・上述車資為單程車資，兒童半價。 ・從成田國際機場到日暮里、京成上野的車資相同。 ・電車路線：第一航廈→第二、三航廈→日暮里→京成上野。 ・可在日暮里、京成上野轉乘 JR 線電車→東京、品川、新宿、池袋等。
JR 線	1. 搭乘「成田 Express 電車」→東京（車資¥3,020，車程 53 分鐘）。 2. 搭乘「成田 Express 電車」→品川（車資¥3,190，車程 63 分鐘）。 3. 搭乘「成田 Express 電車」→新宿（車資¥3,190，車程 73 分鐘）。 4. 搭乘「成田 Express 電車」→池袋（車資¥3,190，車程 68 分鐘）。 5. 搭乘「成田 Express 電車」→橫浜（車資¥4,290，車程 84 分鐘）。 ※ 補充說明： ・上述車資為單程車資，兒童半價。 ・外國人可憑護照購買成田國際機場→東京、品川、新宿、池袋、橫浜的「往復きっぷ」（來回優惠票，14 天效期）車資均為¥4,000（半票¥2,000），便宜¥2,040~4,580。 ・電車路線：第一航廈→第二、三航廈→東京車站→品川→新宿→池袋。 ・電車路線：第一航廈→第二、三航廈→東京車站→品川→橫浜。

機場利木津巴士（Airport Limousine）

前往地區	第一航廈巴士站牌	第二航廈巴士站牌	第三航廈巴士站牌	車程時間	車資
東京車站	1、10	7、17	3	75 分鐘	全票¥3,100 半票¥1,550
品川	4、13	4、14	5	60 分鐘	
新宿	2、11	6、16	4	85 分鐘	
池袋	1、10	7、17	3	75 分鐘	
橫浜	3、12	5、15	5	85 分鐘	全票¥3,600 半票¥1,800

※ 補充說明：上述車程時間為不塞車預估時間。

從東京成田國際機場出境

　　為了避免突發狀況，最好在班機起飛前 2 小時到達機場辦理出境手續，讀者們要算好從旅館到機場的交通時間，以免延誤。

Step 1　報到、劃位與托運行李

　　到「国際線出発ロビー」（國際線出發大廳）找到搭乘的航空公司櫃檯，出示護照、機票辦理劃位及托運行李。完成後，領回護照、機票，並領取「搭乘券」（登機證）與行李托運卡；無大型行李則免托運。

　　要注意的是，超過 100 毫升的液體、膠狀及噴霧類物品必須放在托運行李內，不可隨身攜帶上機；沒有超過 100 毫升的上述物品必須裝在不超過 1 公升且可重複密封之透明塑膠袋內，才可以放在隨身行李中。此外，若隨身攜帶超過 100 萬日圓等值的現金時，必須向海關申報，以免被查到沒入。

Step 2　安全檢查

　　到「出発口」（出發口）接受安全檢查，須出示護照、登機證，將身上之金屬物品取下放入置物籃內，與隨身行李一同接受 X 光檢查，並走過金屬偵測門接受身體探測檢查。

Step 3　查驗證照

　　在「出国審査場」（出境查驗櫃檯）排隊，出示護照及登機證接受查驗，護照套子必須拿掉。通過後，就可以走到登機門。

Step 4　快樂登機

　　看清楚登機證上的「搭乗時刻」（登機時間）和「搭乗ゲート」（登機門）號碼，依指標到達登機門等候區聽候廣播登機。

東京羽田機場
國際線航站

　　東京羽田機場和臺北松山機場都屬於國內機場，目前兩機場間雙向對飛的直航班機有：長榮（BR）、華航（CI）、日航（JL）及全日空（NH）。

從東京羽田機場入境

　　飛抵東京羽田機場後，順著「到着」的指標走到入境審查大廳辦理入境手續：

Step 1　查驗證照

　　在「入国審查」（入境證照查驗）櫃檯，出示護照、外國人入出境記錄卡接受查驗，護照套子必須拿掉。

Step 2　按捺指紋、拍照存檔

　　查驗證照時，依審查人員指示，按捺指紋並拍攝臉部照片。通過後，就可以去提領行李。

Step 3　領取行李

　　到行李檢查大廳，看清楚所搭乘班機的行李輸送機臺，等候領取行李。

Step 4 **海關檢查**

領取行李後，若沒有超過免稅限額且無違禁品者，出示護照、攜帶品‧另寄品申報書就可以通關。

Step 5 **快樂入境**

通過海關檢查後，就可以快樂地入境日本了。

機場→東京市區交通

電車路線	概況說明
京急線	搭乘「京急羽田空港線電車」→品川（車資￥410，車程19分鐘）。 ‧電車路線：國內線航站→國際線航站→品川。
東京モノレール線	搭乘「東京單軌電車」（東京モノレール電車）→浜松町（車資￥490，車程19分鐘）。 ‧電車路線：國內線航站→國際線航站→浜松町。

※ 補充說明：
- 上述車資為單程車資，兒童半價。
- 可在品川、浜松町轉乘 JR 線電車→東京、上野、新宿、池袋等。

從東京羽田機場出境

為了避免突發狀況，最好能在班機起飛前 2 小時到達機場辦理出境手續，讀者們要算好從旅館到機場的交通時間，以免延誤。

Step 1 **報到、劃位與托運行李**

到「国際線出発ロビー」（國際線出發大廳）找到搭乘的航空公司櫃檯，出示護照、機票辦理劃位及托運行李。完成後，領回護照、機票，並領取「搭乗券」（登機證）與行李托運卡；無大型行李則免托運。

要注意的是，超過 100 毫升的液體、膠狀及噴霧類物品必須放在托運行李內，不可隨身攜帶上機；沒有超過

100 毫升的上述物品必須裝在不超過 1 公升且可重複密封之透明塑膠袋內，才可以放在隨身行李中。此外，若隨身攜帶超過 100 萬日圓等值的現金時，必須向海關申報，以免被查到沒入。

Step 2　安全檢查

　　到「出発口」（出發口）接受安全檢查，須出示護照、登機證，將身上之金屬物品取下放入置物籃內，與隨身行李一同接受 X 光檢查，並走過金屬偵測門接受身體探測檢查。

Step 3　查驗證照

　　在「出国審查場」（出境查驗櫃檯）排隊，出示護照及登機證接受查驗，護照套子必須拿掉。通過後，就可以走到登機門。

Step 4　快樂登機

　　看清楚登機證上的「搭乗時刻」（登機時間）和「搭乗ゲート」（登機門）號碼，依指標到達登機門等候區聽候廣播登機。

認識東京電車 　東京優惠車票 　新宿 　吉祥寺 　三鷹 　京王多摩センター 　原宿
渋谷 　芝公園 　大森海岸 　川崎大師 　櫻田門 　銀座 　築地 　門前仲町 　神保町
舞浜 　秋葉原 　両国 　上野 　田原町 　淺草 　押上 　巣鴨 　池袋 　豊島園

暢遊東京

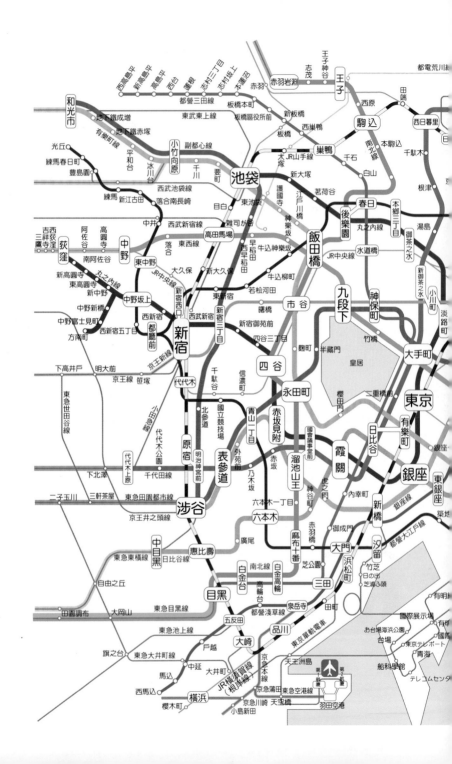

認識東京電車

　　東京地區電車路線繁複，有 JR 線、東京地下鐵、都營地下鐵、京成線、京王線、京急線、東急線……等，雖為不同公司經營，但許多車站可以互通，轉車時相當方便，不過卻很容易搞錯。

　　在東京地區旅遊，較常搭乘的電車路線為 JR 線、東京地下鐵及都營地下鐵，只要看清楚電車路線圖上的轉乘車站和搭乘月臺，應該就不會搭錯車。

　　JR 線是指日本鐵路（Japan Railway）電車路線，全日本通行，車站及軌道都在地面上，為半民營的國鐵，類似臺鐵。東京地下鐵（東京メトロ）是東京地下鐵公司（Tokyo Metro）經營，共有 9 條路線；而都營地下鐵（Toei Subway）則是東京都交通局經營，只有 4 條路線。這兩種都是地下化鐵路，只在東京都區內通行，車站及軌道都在地面下，不同路線用不同顏色區隔，可視為兩家不同公司的捷運。

　　環繞東京都區最主要的電車路線就是「JR 山手線」，於明治 18 年（1885 年）開始營運，是日本第一條電車路線，再加上密密麻麻的地下鐵，構成東京都區一千多萬人口每天仰賴的交通運輸網。本書將以「JR 山手線」最接近的車站作為旅遊起點，讓讀者能正確地掌握搭車資訊，輕鬆地進行旅遊行程。

東京優惠車票

都區內一日券（都区内パス）

　　這是日本 JR 鐵路公司所發行的一日券，利用這種車票搭乘 JR 電車暢遊東京，相當划算，可以省下不少車錢。

　　使用這種車票，可以在一天內不限次數搭乘東京都區內的 JR 電車，只要搭車次數超過 4 次以上就划得來！每張車票的票價為全票 ¥750、半票 ¥370；搭乘的範圍及電車種類，在車票上會有詳細的說明。

　　售票地點在 JR 車站的自動售票機、綠色窗口（みどりの窓口）或旅遊服務處（びゅうプラザ）。

　　利用自動售票機購票方式如下：

1. 將錢幣投入 JR 自動售票機中。
2. 按下「トクトクきっぷ」或「おトクなきっぷ」（優惠車票）鈕。
3. 用手指觸摸螢幕上的「都区内フリー乗車券」或「都区内パス」鈕，就可以買到車票了。

東京地下鐵一日券（東京メトロ一日乗車券）

　　這是東京地下鐵公司（東京メトロ）所發行的一日地鐵車票，與 JR 電車、都營地下鐵不同；如果想混搭兩種或三種電車，必須購買共通券。

　　使用「東京地下鐵一日券」可以在一天內不限次數搭乘東京地下鐵電車，共有 9 條路線，只要搭車次數超過 3 次以上就划得來！每張車票的票價為全票 ¥600、半票 ¥300，相當適合在東京自助旅行時使用。購票方式非常容易，在東京各地下鐵車站的自動售票機就可以買到車票。

東京雙地鐵共通一日券
（東京メトロ・都営地下鉄共通一日乗車券）

　　東京的地鐵電車，除了東京地下鐵（東京メトロ）9條路線之外，還有「都営地下鐵」4條路線及其他的民営地鐵路線。在東京旅遊，較常搭乘的地下鐵就屬「東京地下鐵」和「都営地下鐵」這兩種電車；所以，如果旅遊行程剛好必須轉乘這兩種地鐵電車，則可以考慮購買「東京雙地鐵共通一日券」，轉車之間也比較方便。

　　每張車票的售價為全票￥1,000、半票￥500；利用東京各地下鐵車站的自動售票機就可以買到車票。

東京地鐵券（Tokyo Subway Ticket）

　　東京地鐵券是專為關東地區以外的日本遊客和外國觀光客所設計的優惠車票，購買的身分限定為：1. 從關東地區外到東京旅遊的日本人。2. 外國觀光客。

　　這種車票的使用方式與「東京雙地鐵共通一日券」一樣，可以搭乘東京地下鐵（東京メトロ）9條路線及「都営地下鐵」4條路線的電車，而且價格更便宜，相當實惠！

　　外國遊客可憑護照在東京成田國際機場或羽田機場的地下鐵車票櫃檯預購；一日券全票￥800、半票￥400，二日券全票￥1,200、半票￥600，三日券全票￥1,500、半票￥750，真是物超所值啊！

東京環遊一日券（東京フリーきっぷ）

　　在東京旅遊時，如果行程必須不斷地轉乘 JR 電車、東京地下鐵和都営地下鐵電車，則可以考慮購買「東京環遊一日券」。

　　使用這種車票，可以搭乘的車種包含東京都內的 JR 電車、東京地下鐵電車、都営地下鐵電車、都電荒川線、日暮里・舍人線（日暮里・舍人ライナー），以及都営公車（都バス），車種相當多，因此票價也不便宜。

　　每張車票售價為全票￥1,590、半票￥800。利用東京各大 JR 車站、地下鐵車站、都営地鐵站、日暮里・舍人線車站的自動售票機都可以買到車票；如有疑問，可詢問各車站的站務人員。

新宿
(しんじゅく，Shinjuku)

- 交通指引：
  1. 東京國際機場搭乘電車→新宿，詳細路線請參閱「抵達東京機場」。
  2. JR 山手線任何一站搭乘電車→新宿。
- 逛街購物：新宿通、BIC 相機、紀伊國屋書店、歌舞伎町、高島屋百貨公司、東急手創館。
- 夜景欣賞：東京都廳大樓。
- 賞櫻名所：新宿御苑。

新宿車站東口

新宿通

新宿通是新宿車站東口最熱鬧的大街，也是到東京旅行時的必遊之地。街道兩旁林立著各式各樣的電器用品店、百貨公司、服飾店、銀行及辦公大樓等，值得喜歡追求時髦與流行的朋友到此一遊！

除了大街上的餐飲店之外，巷弄裡也可以發現各種美食，如：拉麵、定食、咖哩飯、迴轉壽司等，不但餐飲的種類繁多，口味道地，價錢更是公道，保證遊客吃得開心又滿意！

BIC 相機 (BIC CAMERA)

位於新宿通上的「BIC 相機」是附近最大的電器百貨店，光在新宿車站一帶就有三家分店：東口兩家、西口一家，各分店的店面都不小。分層販售各式各樣的電器用品，如：鐘錶、數位相機、攝影機、電視、錄放影機、冷氣機等；各種電器用品的零件與配備，如：電池、記憶卡、底片、DVD 等，這裡也提供販售與維修的服務。

Data

　BIC 相機
◎ 營業時間：10:00～21:00
◎ 公休日：全年無休
◎ 網址：www.biccamera.co.jp/bicgroup/index.html

紀伊國屋書店新宿本店

紀伊國屋書店是日本最大的連鎖書店，光是在新宿車站附近就有「新宿本店」和「新宿南店」兩間分店。

新宿本店就在「BIC 相機」斜對面，地面以上八層樓，地下一樓，營業面積共有九個樓層，規模相當大。店裡的書籍種類繁多，舉凡文學、財經、政治、法律、藝術、攝影、美食、旅遊、休閒等，應有盡有。

除了這間本店之外，另一間「新宿南店」位於新宿車站新南口附近，與「高島屋百貨公司」相通，號稱是「全日本最大書店」。

Data

　紀伊國屋書店新宿本店
◎ 營業時間：10:00～21:00
◎ 公休日：全年無休
◎ 網址：www.kinokuniya.co.jp/c/store/Shinjuku-Main-Store

歌舞伎町一番街

歌舞伎町一番街是新宿車站東口附近的不夜城，不但越晚越熱鬧，而且是越夜越美麗！在這熱鬧非凡的夜生活區裡，林立著各式各樣的 CLUB、夜總會、酒吧、餐飲店、成人秀及電影院，處處閃爍著五彩繽紛的霓虹燈，充滿著酒色財氣，也帶來大量的人潮及錢潮。

新宿車站南口

東京都廳大樓（東京都庁舍）

東京都廳大樓是東京都政府的所在地，共有45層，樓高202公尺，也是新宿地區的地標。

由於都廳大樓是公家機關，所以遊客可以免費搭乘直達電梯到第45樓的南、北展望室俯瞰整個東京都。從離地面202公尺高的展望室向外遠眺，視野極佳，周邊的景物盡入眼簾。新宿地區幾棟超高大樓，如：新宿公園塔、新宿中央大樓、住友大樓、三井大樓、安田火災海上大樓等，都看得一清二楚；就連新宿車站、新宿御苑、代代木公園等，也無所遁形。天氣好的時候，還可以看到富士山呢！

此外，位於B1樓的飲食街及北棟32樓、南棟4樓的員工餐廳亦開放遊客用餐，不但食物可口道地，價格也很公道。

	北展望室	南展望室	地下飲食街	員工餐廳
開放時間	09:30~23:00	09:30~17:30	11:00~21:00	10:00~17:00 午餐 11:30~14:00
休息日	第二、四個周一 新年期間（12/29-翌年1/3）、檢修日	第一、三個周二	各店不同	與南、北展望室同

Data

東京都廳大樓
◎ 交通：依循新宿車站南口的指標，通過冗長的地下步道後，就可以到達「都廳第一本廳舍」的「南展望室」1樓，而「北展望室」的直達電梯就在另一邊。
◎ 網址：www.yokoso.metro.tokyo.jp

新宿車站東南口

新宿御苑

　　新宿御苑原本是江戶時期信州高遠藩主內藤氏的藩邸,於明治 39 年(1906 年)整修擴建後,成為日本皇室的花園,昭和 24 年(1949 年)開始對外開放,成為東京地區賞櫻散步的好去處。

　　御苑面積廣達 58.3 萬平方公尺,放眼望去,盡是一片翠綠林園,其中規劃有英國風景式庭園、玉藻池、法式整形庭園、日本庭園及母子之森等特色園區,苑內的亞洲第一大「溫室花園」也頗負盛名,而位於「日本庭園」中的「御涼亭」是純臺灣式的建築,令人產生一股親切之感。

　　每年櫻花盛開期間,苑內 1,500 株不同種類的櫻花齊放,使這裡成為著名的賞櫻景點;秋天紅葉及賞菊時分(11 月 15 日至 12 月 10 日),盛開的菊花在一片楓紅之中顯得嬌嫩動人,也使這裡成為最受歡迎的賞菊名所。

　　春之櫻、夏之綠、秋之菊、冬之雪,正是新宿御苑適合一年四季旅遊的最佳寫照!

Data

新宿御苑
◎ 開園時間:09:00~16:00
◎ 休園日:周一及新年期間(12 月 29 日至翌年 1 月 3 日),但櫻花期(3 月 25 日至 4 月 24 日)及紅葉期(11 月 1 日至 11 月 15 日)無休。
◎ 門票:全票￥200,學生票(國中、小)￥50。
◎ 交通:
　1. 從新宿車站東南口,步行約 10 分鐘。
　2. 東京車站搭乘「地下鐵丸ノ內線」電車→新宿御苑前(車資￥200,車程 16 分鐘),再步行約 5 分鐘。
◎ 網址:fng.or.jp/shinjuku

新宿車站新南口

高島屋百貨公司

　　高島屋是日本最著名的連鎖百貨公司之一,分店遍及日本全國各地;位於新宿車站新南口旁的「新宿店」也是日本最大的百貨公司之一。

　　除了各種男女服飾、化妝品、兒童衣物、鞋類製品、家具及生活用品專櫃之外,B1 設為生鮮超市區,7 樓還設有宅急便及海外寄送服務,12~14 樓則為各國料理餐廳的美食街,規劃相當完善!

　　遊客在此購物時,若當日購買消費性商品(食品、化妝品、藥品等)金額超過 5,001 日圓以上,或是其他商品金額滿 10,001 日圓以上,可以出示護照正本和收據到 2 樓櫃檯辦理退稅。

Data

高島屋百貨公司
◎ 營業時間:10:00-20:00,周五、六 10:00-20:30。
◎ 公休日:全年無休
◎ 網址:www.takashimaya.co.jp/shinjuku

東急手創館（東急ハンズ）

　　東急手創館是以標榜「自己動手做」而聞名的材料販售店，日本全國各地都有連鎖店；位於高島屋百貨公司後區的，則是東急手創館的「新宿店」。

　　東急手創館共有 7 個樓層，日常生活用品中，只要是能自己動手做的，這裡幾乎都有販售，如：自製獎盃或獎牌、腳踏車零件、園藝用品、廚具用品、衛浴設備、組合式家具、創意門牌、皮革製品、各類模型、文具用品、自刻印章等應有盡有，可以讓遊客體驗自己動手做的樂趣，享受作品完成後的成就感。

　　在這裡，能激發你的創意靈感，產生許多新的點子，值得參觀！

Data

東急手創館
◎ 營業時間：10:00-21:00
◎ 公休日：全年無休
◎ 網址：shinjuku.tokyu-hands.co.jp

紀伊國屋書店新宿南店

　　紀伊國屋書店新宿南店位於高島屋百貨公司旁，從高島屋百貨公司的 2、5 樓，可以分別通往紀伊國屋書店的 3、7 樓；因此，逛書店或逛百貨公司都相當方便。

　　這棟書店大樓共有 7 層樓，各個樓層分別陳列不同種類的書籍，提供讀者選購。無論是兒童書刊、繪本、漫畫，或是文學、藝術、旅遊、自然科學、社會科學、語言學等應有盡有，琳瑯滿目。

Data

紀伊國屋書店新宿南店
◎ 營業時間：10:00-20:30
◎ 公休日：不定休，依網頁公告。
◎ 網址：www.kinokuniya.co.jp/c/store/Shinjuku-South-Store

吉祥寺
（きちじょうじ，Kichijoji）

- 交通指引：新宿車站搭乘「JR 中央線快速」電車→吉祥寺（車資￥220，車程 14 分鐘）。
- 休閒散步：井之頭恩賜公園。

井之頭恩賜公園

井之頭恩賜公園是日本第一座「郊外公園」，於大正 2 年開始規劃建設，到大正 6 年（1917 年）才完工開園，占地廣達 386,711 平方公尺，相當廣闊。

公園裡的池水以前是東京居民的主要用水來源。江戶時期，德川幕府為了讓江戶地區有充分的生活用水供應，引御殿山的水源開鑿了第一條人工水道，稱為「神田上水」。到了三代將軍德川家光時，將此水源命名為「井之頭池」，意指這裡的水質是所有水源之頭，並盛讚「沒有比這裡更甘甜的水源了」。直到明治 31 年（1898 年）完成現代化的水道（即自來水管）建設之前，「神田上水」一直是東京地區最重要的供應水源。

　　園內可以劃分為四個區域，即：井之頭池周邊、自然文化園、西園（運動園區）及第二公園等；其中，自然文化園須購票入園，而西園旁邊就是「三鷹之森吉卜力美術館」。

　　園內植物種類繁多，如：櫻花、落羽松、檜木、楓樹等應有盡有，總數約有 2 萬多棵，隨著四季的變化，使園內呈現出不同的風貌。由於園區景色迷人，設施完備，且能在池中泛舟，是東京居民休閒散步的好去處。

　　井之頭恩賜公園
◎ 交通：從車站南口出來，過馬路往右前方的小路直走進去，約 6 分鐘路程。

三鷹（みたか，Mitaka）

· 交通指引：新宿車站搭乘「JR中央線快速」電車→三鷹（車資￥220，車程17分鐘）。
· 主題樂園：三鷹之森吉卜力美術館。

三鷹之森吉卜力美術館

　　三鷹之森吉卜力美術館與一般美術館不同，是專為小朋友及日本動畫迷而設立的，是一處「日本動畫展示與體驗館」。

　　館內1樓設計成五間動畫工作室，裡面有動畫草稿、插圖、畫具、器材、動畫模型等，讓遊客體驗動畫大師們工作環境的氛圍，了解一部動畫電影的產生過程。2樓設置了一個超大的龍貓巴士布偶，小朋友可以直接觸摸並乘坐龍貓巴士，體驗動畫電影中搭乘龍貓巴士的舒適感，享受現實與動畫的超夢幻結合。

　　屋頂規劃成庭園，登上螺旋狀的階梯，首先映入眼簾的是高約5公尺的機器人士兵，這尊巨大的機器人士兵也是美術館的守護神。B1則設置了小型電影院「土星座」，播映吉卜力原創短篇動畫和其他優質動畫作品，深受小朋友們的喜愛。

　　此外，在「三羽之鷹」閱覽室中陳列各種兒童繪本及書籍供小朋友們閱讀，藉由書籍讓小朋友對不可思議的動

畫世界有更深入的認識。館內也有餐飲部及販賣部，提供遊客餐飲及購買紀念品的服務。

　　要特別注意的是，到這裡參觀必須預先購票，現場並不售票。到日本後才決定去參觀的人，可在每月 10 日以後到 LAWSON 便利商店使用 Loppi 機器預購下個月的票。不懂日語者，可以在紙上寫出「三鷹の森ジブリ美術館」和「想去的日期、時間」，請便利商店的員工幫忙代訂。入館場次為 10:00、12:00、14:00、16:00，必須在半小時內入場；否則，就要等下一個場次才能入館。館內停留時間沒有限制，可以待到下午閉館才出來。如果想在臺灣先訂票，可洽詢東南旅行社，須指定參觀日期，不必指定入場時間，但要登記姓名和護照號碼。

Data

　三鷹之森吉卜力美術館
◎ 開館時間：10:00-18:00
◎ 休館日：周二、新年期間；更換展示品、館內保養等休館日依網頁公告。
◎ 門票：預先購票，現場不販售。全票（大學生以上）￥1,000，學生票（國、高中生）￥700，半票（小學生）￥400，兒童票（4 歲以上）￥100。
◎ 交通：三鷹車站南口 9 號站牌搭乘「三鷹の森ジブリ美術館」公車，車資￥210（來回票￥320），兒童半價；或是從車站南口左邊依照指標沿著「玉川上水」，步行約 20 分鐘。
◎ 網址：www.ghibli-museum.jp

京王多摩センター
(けいおうたまセンター，Keio-Tama center)

- 交通指引：新宿車站搭乘往「橋本」的「京王線急行或特急」電車→京王多摩センター（車資￥340，車程40分鐘）。
- 主題樂園：Hello Kitty 彩虹樂園。

Hello Kitty 彩虹樂園
(SANRIO PUROLAND)

Hello Kitty 彩虹樂園又名「三麗鷗彩虹樂園」，位於東京都多摩市，是一座以 Hello Kitty 為主題的遊樂場。園裡琳瑯滿目的 Hello Kitty 紀念商品、各式各樣的遊樂設施，以及美味可口的 Hello Kitty 餐飲等，吸引許多 Hello Kitty 迷到這裡玩樂消費，也為多摩市帶來大量的商機。

Hello Kitty 彩虹樂園共有 4 個樓層，3 樓是售票處及入口，4 樓設有餐廳，2 樓和 1 樓則規劃為遊樂場及商品販賣區。遊樂場部分有夢幻劇場、主題廣場、精靈劇場、飄飄船、發現劇場、夢幻時空飛船、Hello Kitty 之屋，以及迷你工場等設施，

著名的「智慧之樹舞台」不但設計巧奪天工，精采的表演秀也是吸引遊客的最大賣點。此外，為了招攬更多遊客，Hello Kitty彩虹樂園也在網頁上放置優惠券（割引クーポン），提供遊客下載使用。

從京王多摩センター車站（京王多摩中心車站）到Hello Kitty彩虹樂園之間，沿途百貨公司林立，可以好好地消磨一天。如：カリヨン館百貨店、Ito Yokado百貨、丘之上廣場（丘の上プラザ）、多摩市立複合文化設施、中央公園等，都值得一遊！

Data

Hello Kitty 彩虹樂園
◎ 營業時間：平日 10:00~17:00，周末及國定假日 09:30-20:00；詳細時間請參閱網頁公告。
◎ 休園日：不定休，依網頁公告。
◎ 門票：平日護照（Passport，一票玩到底）成人￥3,300，大學生￥2,500，3 歲至高中￥2,500，60 歲以上￥1,900。周末及國定假日護照成人￥3,800，3 歲至大學生￥2,700，60 歲以上￥1,900。
◎ 交通：車站西口出來往左走，順著「パルテノン大通り」前進，到十字路口時，就可以看到左側岔路盡頭的 Hello Kitty 彩虹樂園。回程時，在京王新宿車站下車，依指標往「JR 東口」方向走，就可以走到 JR 新宿車站東口的「新宿通」了。
◎ 網址：www.puroland.jp

原宿
(はらじゅく，Harajuku)

- 交通指引：JR 山手線任何一站搭乘電車→原宿。
- 逛街購物：竹下通。
- 休閒散步：神宮橋 · 明治神宮、代代木公園。
- 藝術欣賞：太田記念美術館。

原宿車站竹下口

竹下通

　　竹下通是年輕人的購物天堂，也是新潮、大膽與前衛的象徵。來到這裡，立刻讓人感受一股時髦活潑的朝氣。街道兩旁盡是活潑有趣的個性商店，每家店面都經過精心設計，充滿個人創意與特殊風格，讓人看得目不暇給！

　　平時，這裡就是年輕人逛街購物的最愛；到了假日，整條街道更是擠得水洩不通，因此到這裡逛街時，要特別留意身上的貴重物品。

　　走到「竹下通」底後，順著右邊的方向前進，就是著名的原宿「表參道」。在這條大道兩旁，處處可見走在流行尖端的時裝店、咖啡廳、餐廳等，充滿優雅舒適的氛圍，媲美法國巴黎的「香榭大道」，也吸引許多遊客慕名前來。

原宿車站表參道口

神宮橋・明治神宮

　　神宮橋就在表參道口右邊，是東京年輕人聚集的主要場所。每逢周末假日，許多打扮得新潮怪異的日本年輕人會到這裡聚集，秀出自己的風格，展現個人的特色；有的裝扮成日本黑妹、真人布偶，有的則是一身勁爆裝束，也有的將頭髮挑染成七色彩虹，讓人看了不禁莞爾。

　　從神宮橋旁的大鳥居進去，就可以走到日本人最大的信仰中心「明治神宮」。明治神宮是供奉日本明治天皇和昭憲皇太后的神社，建於大正 9 年（1920 年），園區分為內苑、外苑和明治紀念館三部分。昭和 20 年（1945 年）時，因遭受戰爭的空襲，創建初期的主要建築物全都毀於戰火。現在的神殿樣貌都是戰後日本海內外的國民熱烈捐獻，陸陸續續完成的。

　　明治神宮占地廣達 70 萬平方公尺，園內的人工植林約有365 種，總數達 10 萬棵之多，使園區呈現出綠意盎然的景象。由於環境恬靜幽雅，頗適合休閒散步。每年元旦時，日本人會攜家帶眷到明治神宮參拜，祈求保佑平安。此外，日本相撲橫綱上場儀式、兒童節祭禮、消災除厄或祈求賜福等各種祭祀相關的活動，也會在這裡舉行。

代代木公園

代代木公園是一座占地廣闊、充滿休閒氣氛的公園，位於原宿車站右邊，走路約 3 分鐘就到了。

每逢周末假日，可以看到許多親子在公園的草地上野餐、遊戲，享受假日的悠閒時光。此外，不少日本年輕人會聚在這裡，一起表演街舞，大膽地秀出自己；也有的在玩滑板或溜冰，展現年輕人的活力，相當熱鬧有趣！

太田記念美術館

太田記念美術館是以展示日本浮世繪為主的美術館。所謂浮世繪，其實是版畫的一種，產生並流行於江戶時代的繪畫藝術，亦即用版畫的方式描繪出當時世間風情的繪畫作品。

館方收藏世界有名的浮世繪作品，包含葛飾北齋、歌川廣重、歌川國芳等名畫師的代表作品約 14,000 件，除了每個月規劃不同主題、展出 80-100 件作品之外，館內也有幻燈片解說、影片放映，且不定期舉辦各項浮世繪與江戶文化相關的講座等，對日本浮世繪有興趣的人不妨去參觀看看！

芳年 と 国周
「風俗三十二相」と「見立昼夜廿四時之内」

Data

太田記念美術館
◎ 開館時間：10:30-17:30
◎ 休館日：周一及更換展示品期間，請參閱網頁公告。
◎ 門票：依展出內容而定，全票￥700-1,000，學生票（高中、大學生）￥500-700，國中生以下免費。
◎ 交通：從表參道口出來，沿著表參道直走，約 200 公尺處往左邊小路進去就可以找到了。
◎ 網址：www.ukiyoe-ota-muse.jp

涉谷（しぶや，Shibuya）

- 交通指引：JR 山手線任何一站搭乘電車→涉谷。
- 參觀景點：忠犬八公銅像。
- 逛街購物：涉谷中心街。

涉谷車站八チ公口

忠犬八公銅像

　　在涉谷車站前的廣場上，有一座「忠犬八公」銅像，是涉谷車站的精神象徵。至於銅像的由來，有一則感人的真實故事。

　　這隻秋田犬是東京帝國大學農業系教授上野英三郎博士飼養的，牠對主人非常忠心，每天早上送主人到涉谷車站搭車上班，下班時間就到車站前迎接主人下班。有一天，主人因發生意外不幸身亡，但忠狗不知道，下班時間仍然到車站前等候主人，沒見到主人則不願回家。就這樣日復一日、年復一年，每天企盼著主人回來；最後，因營養不良、體力不支，在車站前氣絕而亡。

人們為了感念牠的忠心，所以請涉谷的雕塑家安藤照先生製作銅像來紀念牠，並於西元 1934 年 4 月舉行揭幕式。直至今天，每年 4 月 8 日還會在涉谷車站前廣場舉行「八公慰靈祭」來紀念這隻忠狗，場面相當溫馨感人。

涉谷中心街

涉谷也是東京地區年輕人聚集的場所。車站出口對面的「涉谷中心街」是年輕時髦的商圈，商圈街道及向四面八方延伸的巷道內林立著各式各樣的時裝店、咖啡廳、日本料理店、拉麵店、各國餐飲店等，吸引許多遊客到這裡逛街購物；每逢假日，人潮更是擠得水洩不通。著名的 109 百貨、巴而可百貨及西武百貨等也在這裡。

芝公園
(しばこうえん，Shibakoen)

· 交通指引：

　1. 目黑車站搭乘「都營三田線」電車→芝公園（車資
　　　￥220，車程 9 分鐘）。

　2. 代代木車站搭乘「都營大江戶線」電車→赤羽橋（車資
　　　￥220，車程 11 分鐘）。

　3. 惠比壽車站搭乘「地下鐵日比谷線」電車→神谷町（車
　　　資￥170，車程 9 分鐘）。

· 旅遊景點：芝公園、增上寺。

· 夜景欣賞：東京鐵塔。

芝公園

　　芝公園與上野、淺草、深川、飛鳥山等五處公園，於明治 6 年（1873 年）同時被日本政府規劃為「公園」，是日本最早設立的五大公立公園之一。

　　芝公園的腹地原本包含增上寺在內，二次大戰結束後，日本實施「政教分離」政策，將增上寺的寺地劃除，剩下的土地形成一個環狀，使芝公園成為「環狀形公園」的特殊景象。園內林木茂密，除了遍植櫻樹、梅樹之外，樟樹、銀杏、櫸樹、鳥爪槭、朴樹、黑松等應有盡有，樹蔭下時常可以看到上班族利用中午時間到這裡午休、打盹，以養精蓄銳。

明治35年（1902年）時，芝公園在園內設置了棒球場及網球場，是日本最早設置體育設施的公園。由於公園歷史悠久，擁有丸山古墳、貝塚等遺跡，使這裡成為值得一遊的旅遊景點。

增上寺

增上寺原為江戶時代德川家族的菩提寺，建築格局相當宏偉，是東京地區最具代表性的寺院，占地廣闊，蘊藏許多古蹟，且都極具歷史意義與價值。

境內的「鐘樓堂」為「江戶三大鐘樓」之一，所吊掛的梵鐘鑄造於延寶元年（1673年），高2公尺42公分，是東日本地區最大、最古老的大型吊鐘，也是日本的國寶。而位於正面入口處的「三解脫門」重建於元和8年（1622年），簡稱為「三門」，涵義為「鑽過此門之後，即從貪、瞋、癡三煩惱中解脫出來」，也已被日本政府指定為重要文化財產。

東京鐵塔（東京タワー）

　　東京鐵塔位於芝公園旁，西元 1958 年開始營運，高度 333 公尺，是仿造巴黎艾菲爾鐵塔樣式所建造的獨立式鐵塔，高度則比艾菲爾鐵塔高 13 公尺。

　　塔高 150 公尺及 250 公尺處分別設置有「大展望臺」和「特別展望臺」，遊客可以登上展望臺，俯瞰東京都的景致。尤其從特別展望臺向遠方眺望時，視野極佳，不但鄰近的新宿大樓群、皇居、國會議事堂、東京巨蛋等都看得一清二楚；就連臨海副都心、三浦半島及筑波山也都盡入眼簾，令人心曠神怡！

　　此外，1 樓設有熱帶魚水族館，魚的種類多達 900 多種，包含全球五大洲的熱帶魚，遊客可以盡情地觀賞。2 樓則有禮品販售部、咖啡廳、日式料理、中華料理、西式速食等餐飲區，3 樓有蠟像館、3D 影像館、紀念品販售部，4 樓頂則設置有露天兒童遊樂場及表演廣場，吸引許多親子到此同遊。

 Data

東京鐵塔
◎ 營業時間：09:00-22:00
◎ 公休日：全年無休
◎ 門票：大展望臺全票（高中以上）￥900，學生票（國中、小）￥500，兒童票（4 歲以上）￥400。
　　特別展望臺（含大展望臺）全票￥1,600，學生票￥1,000，兒童票￥800。水族館、蠟像館須分別購票。
◎ 交通：
　　1. 芝公園「A4」出口出來，步行約 6 分鐘。
　　2. 赤羽橋「赤羽橋口」出來，步行約 5 分鐘。
　　3. 神谷町 1 號出口出來，步行約 7 分鐘。
◎ 網址：www.tokyotower.co.jp

大森海岸
（おおもりかいがん，Omorikaigan）

- 交通指引：品川車站搭乘「京浜急行線」電車→大森海岸（車
  資￥160，車程 10 分鐘）。
- 海洋樂園：品川水族館。

品川水族館（しながわ水族館）

  品川水族館是東京地區唯一有海豚、海
獅等水中動物表演的海洋樂園，深受遊客們
的喜愛。

  館內最著名的「海底隧道」長達 22 公尺，
走入其中，彷彿在海中散步一般，看著鯊魚、
海龜、鯛魚等 1,500 多尾不同的魚類在身旁及
頭頂洄游，感覺非常奇妙！而在「水母世界」
則設有搖籃水槽、圓形水槽、圓柱水槽及攝影
水槽等 4 個展示槽，展出 4 種不同的水母，總
數約有 100 隻，在 LED 燈的彩光中，顯現出
水母在水中晃動漂浮，宛如幻像般優美曼妙的
身姿。

  此外，在「海洋寶石箱」可以欣賞到各種
小型熱帶魚穿梭在絢麗斑斕的珊瑚礁中，非常
美麗！而在「世界之大河」裡則展示了亞馬遜
河、東南亞及美國中部等地的大型淡水魚，並
利用聲光效果製造出雷聲、閃電、狂風暴雨和

陽光變化，顯現出熱帶雨林的風貌，令人感受強烈的臨場感，相當震撼有趣！並利用小朋友最喜愛的森林精靈宣導森林的作用和重要性，頗富教育意義！

　　由於這裡距離羽田機場不遠，時常可以看到班機從海面上低空掠過，也是一項難得的體驗。

品川水族館
◎ 開館時間：10:00-17:00
◎ 休館日：周二、元旦，若周二逢國定假日、暑假則照常營業。
◎ 門票：全票（高中生以上）¥1,350，學生票（國中、小）¥600，兒童票（4 歲以上）¥300，敬老票（65 歲以上）¥1,200。
◎ 交通：出車站後，再步行約 10 分鐘就到了。
◎ 網址：www.aquarium.gr.jp

川崎大師
(かわさきだいし，Kawasakidaishi)

- 交通指引：品川車站搭乘「京浜急行線」電車→京急川崎，轉乘往小島新田的「京急大師線」電車→川崎大師（車資¥240，車程22分鐘）。
- 東京名寺：平間寺。
- 日本奇祭：金山神社・金魔羅祭（かなまら祭）。

平間寺

平間寺是真言宗智山派的統領寺院，管轄旗下各分寺，全名為金剛山金乘院平間寺，供奉弘法大師為主神，又稱為「除厄弘法大師」或「川崎大師」，是東京地區相當有名的寺院。

關於此寺的起源，據說平安時代，一名叫做平間兼乘的武士被誣陷放逐，流浪到川崎落腳，並皈依弘法大師。某夜，夢中出現弘法大師，要他把漂浮在大海中的塑像撈起來供奉。他把弘法大師塑像撈起來洗淨後，晨昏以鮮花虔誠奉祀，絲毫不敢怠慢。

後來，高野山的尊賢上人到此弘揚佛法，受到弘法大師的靈動所感動，便與兼乘協力建造佛寺，於大治3年（1128年）完工，並以兼乘的姓「平間」作為寺院的名稱，稱為平間寺，這就是平間寺的起源。

　　弘法大師亦即空海上人，竭盡一生的心力在日本各地弘揚佛法，被尊稱為「日本佛教之柱」及「日本文化之父」。直至今日，其偉大的事蹟仍為後人景仰與懷念。

　　正殿大本堂除了主神弘法大師之外，亦奉祀不動明王、愛染明王等諸神。寺院的入口「大山門」則象徵圍起佛塔伽藍的淨域之地的大門，供奉有四大天王神像。旁邊的聖德太子堂則奉祀聖德太子，每年 2 月 22 日會舉行聖德太子祭典。

　　經藏（藏經閣）位於大山門與大本堂之間，裡面收藏有中國最後一套木質大藏經《乾隆版大藏經》，共 7,240 卷；閣中亦奉祀釋迦牟尼佛，據說，在佛像的五鈷杵敬獻金箔，就能與佛結緣。

　　境內的浮御堂水池中也有一尊釋迦牟尼佛像，每年 12 月 8 日為釋迦牟尼佛得道成仙之日，寺方會舉行「成道會」祭典活動。藥師殿則奉祀藥師如來佛、十二尊武神將及「撫摸藥師佛」，據說，只要在「撫摸藥師佛」身上撫摸，就能保佑信眾身體健康、病體早日康復。

 Data

　　平間寺
　◎ 參拜時間：06:00~17:30
　◎ 門票：免費
　◎ 交通：出車站後，往左前方的表參道前進，約 8 分鐘就到了。
　◎ 網址：www.kawasakidaishi.com

金山神社．金魔羅祭

　　金山神社位於「若宮八幡宮」境內，是一間以「男性陽具雕像」作為祭拜對象的神社，非常特別，也很罕見！

　　根據社方人員的解釋，男性的生殖器官是人類命脈的泉源，擔負繁衍後代的重任與貢獻，應該對祂存有感恩之心，因此才會以「男性陽具」作為祭祀崇拜的對象。不少人到這裡祭拜，期望能早生貴子、順利生產、獲得姻緣或夫妻和睦等，也有生意人會到此祈求事業順利、生意興隆。

　　每年4月第一個周日，在金山神社舉行的「金魔羅祭」（かなまら祭）是世界有名的奇祭之一。祭典的意義，主要是在感謝上蒼庇佑，使人類的生命得以綿延不絕。祭典進行時，眾人抬著巨大的陽具雕像遊行，街道兩旁的群眾紛紛用手觸摸，希望能帶來好運。許多久婚不孕的夫妻也會到此一摸，期盼能早生貴子。

金山神社
◎ 交通：出車站後，往右前方過馬路直走，約3分鐘就到了；也可以先去平間寺參拜後，再從寺旁通路走到金山神社。

櫻田門
(さくらだもん，Sakuradamon)

・交通指引：
  1. 有樂町車站（或池袋）搭乘「地下鐵有樂町線」電車→櫻田門（車資￥170，車程 1 分鐘）。
  2. 東京車站搭乘「地下鐵丸之內線」電車→大手町，轉乘「地下鐵東西線」電車→竹橋（或九段下）（車資￥170，車程 10 分鐘）。
・休閒散步：皇居外苑。

皇居外苑

　　皇居原名為「江戶城」，本是德川幕府的政權中心。西元 1867 年，德川幕府還政於明治天皇，結束了日本 676 年的幕府干政時期，日本的歷史進入了「明治時代」。明治 2 年（1869 年）3 月，明治天皇將首都由京都遷移至此，江戶城成為皇室的中心。

　　昭和 24 年（1949 年），皇居外苑與京都御苑、新宿御苑同時被規劃為「國民公園」，開放給民眾參觀。到了昭和 44 年（1969 年），日本政府又將皇宮北區的北之丸地區劃入「皇居外苑」的範圍內；所以，所謂「皇居外苑」實則包括皇宮南區的「皇居外苑」、東區的「皇居東御苑」和北

區的「北之丸公園」。至於屬於皇宮內部的「吹上御苑」則
不開放民眾參觀。

　　來到皇居外苑的二重橋前，立刻讓人感受一股寧靜、
安詳的氣氛，是東京市民休憩散步的好去處。

皇居外苑
◎ 交通：
　　1. 從櫻田門 3 號出口出來，可以走到「二重橋」。
　　2. 從竹橋 1a 出口出來，可以走到「皇居東御苑」。
　　3. 從九段下 2 號出口出來，可以走到「北之丸公園」。

銀座（ぎんざ，Ginza）

・交通指引：
  1. 東京車站（或新宿、池袋）搭乘「地下鐵丸之內線」電車→銀座（車資￥170，車程3分鐘）。
  2. 神田車站（或上野、涉谷）搭乘「地下鐵銀座線」電車→銀座（車資￥170，車程6分鐘）。
  3. 秋葉原車站（或上野、惠比壽）搭乘「地下鐵日比谷線」電車→銀座（車資￥170，車程13分鐘）。
・逛街購物：銀座中央大街。

銀座中央大街

　　銀座是過去東京最主要的商業中心；如今，年輕人大多集中到新宿、原宿及涉谷地區，使這裡逐漸失去原有的年輕活潑氣息。不過，卻也因此使銀座發展出高貴、時髦及高消費的特色，吸引上流階級人士的青睞。

　　每逢周日，銀座最繁華的中央大街1-8丁目，禁止所有的車輛通行，全部改為「行人徒步區」，整條街道成為「步行者的天堂」，可以在寬闊的街道上散步；馬路中間設置露天咖啡座，讓遊客品嘗香濃咖啡，享受輕鬆悠閒的假日生活。

　　中央大街兩旁盡是各式各樣的百貨公司、精品名店、珠寶店、餐廳、酒吧等，每到夜幕低垂時分，整條街道閃爍著耀眼迷人的霓虹燈，展現出銀座奢靡浮華的一面，令人流連忘返！

築地 (つきじ，Tsukiji)

- 交通指引：
  1. 東京車站（或新宿、池袋）搭乘「地下鐵丸之內線」電車→銀座，轉乘「地下鐵日比谷線」電車→築地（車資¥170，車程 11 分鐘）。
  2. 秋葉原車站（或上野、惠比壽）搭乘「地下鐵日比谷線」電車→築地（車資¥170，車程 10 分鐘）。
- 美食享受：築地市場。

築地市場

築地市場全名為「東京都中央批發市場」，於昭和10 年（1935 年）開市，是東京地區最大的「魚類批發市場」。市場設立之初，是利用舊汐留車站的鐵路運輸與隅田川的船運方式將新鮮漁獲運送至此，因此才將整座市場建造成扇形。

昭和 37 年（1962 年），日本經濟快速成長，東京人口超越了 1,000 萬人。由於漁業技術發達及冷凍技術進步，使漁獲量大增；農會組織的完善，擴大了蔬果產量規模，再加上運輸系統的便利，日本全國各地的食材貨物都向這裡集中。

現在的築地市場，不論是日本國內原產或從海外進口的食材，水產類約 480 種，蔬果類約 270 種，商品豐富

齊全。根據平成 17 年（2005 年）的資料，築地市場平均一日的漁獲蔬果入貨量約為 3,350 公噸，一日的交易金額大約 21 億日圓。

　　很多遊客會想到市場內看看現場交易喊價的情況，但為了不讓市場內的作業受到干擾，想入內參觀必須事先申請；不過，想要飽嘗新鮮的海鮮料理就不必進到市場內，在「築地場外市場」就有各式各樣的料理店，保證能滿足饕客的口腹之慾！

　　為了回饋大眾並推廣魚食文化，每年 10 月 10 日在築地市場舉辦「魚之日」（ととのひ）慶祝活動，現場還有各項優惠大禮，有興趣的讀者不妨去參觀看看！

 Data

　　築地市場
　　◎ 交通：從 1 號出口出來，向前直走，過十字路口就到了。

門前仲町
(もんぜんなかちょう，Monzen-nakacho)

· 交通指引：
1. 東京車站搭乘「地下鐵丸之內線」電車→大手町，轉乘「地下鐵東西線」電車→門前仲町（車資￥170，車程11 分鐘）。
2. 神田車站搭乘「地下鐵銀座線」電車→日本橋，轉乘「地下鐵東西線」電車→門前仲町（車資￥170，車程 8 分鐘）。
3. 秋葉原車站搭乘「地下鐵日比谷線」電車→茅場町，轉乘「地下鐵東西線」電車→門前仲町（車資￥170，車程 12 分鐘）。
· 東京名寺：深川不動堂、富岡八幡宮。

深川不動堂

深川不動堂是千葉縣成田山新勝寺的東京別院，創建於江戶時代（1703 年），供奉的主神是成田山的不動明王分靈。不過，原本的建築物因遭受關東大地震及東京大空襲之災，全部化為灰燼。

現在的本堂是戰後將千葉縣龍腹寺的地藏堂移築至此，也是此地最古老的木造建築。堂內供奉的深川不動尊（おねがい不動尊）是用樹齡超過五百年的楠木雕刻而成，身長 1 丈 8 尺，是日本國內最大的木造不動尊像。

　　新本堂位於舊本堂旁，於西元 2012 年 9 月落成，堂內除了供奉主神之外，兩邊並列兩童子、四大明王，外牆則為刻有不動尊咒語的「真言梵字牆」，希望藉由佛法的力量來守護寺院。本堂左側的「祈禱迴廊」中供奉 1 萬尊水晶五輪塔，提供信眾祈福。

　　內佛殿在舊本堂後面，1 樓供奉「立座不動明王」像，2 樓則展示四國島 88 間寺院朝山拜廟時收集而來的靈砂，4 樓的天花板是由日本著名畫家中島千波使用 123 片邊長 90 公分的四方形「梧桐板」（梧桐樹製成的木板），完成的日本最大的方格形天花板畫「大日如來佛蓮池圖」，非常漂亮！

　　境內的深川龍神為掌管耕作的水神，許多農業和水產業者會特地到此參拜祈福；據說把祈求的事情寫在「龍神祈願紙」上，放到龍泉盆中，如果祈願紙溶解於水中，表示所求願望就會傳達給龍神。

　　此外，境內的「開運出世稻荷」則是恭迎「成田山開運出世稻荷神」的分靈而來，每年 2 月 15 日的例大祭、9 月 15 日的開創紀念大祭，都有相當盛大的祭祀活動。

Data

深川不動堂
◎ 參拜時間：08:00~18:00；內佛殿 1 樓 09:00~17:45，內佛殿 2、4 樓 09:00~16:00。每月 1、15、28 日為神佛緣日，參拜時間延長 2 小時。
◎ 門票：免費
◎ 交通：從 1 號出口出來，便可以看到深川不動尊的大鳥居，走進去就到了。
◎ 網址：www.fukagawafudou.gr.jp

富岡八幡宮

富岡八幡宮創建於江戶時代（1627 年），是江戶地區最大的八幡宮。直至今日，這裡仍然受到江戶百姓所信仰，每天到此參拜的信眾絡繹不絕。

富岡八幡宮也是江戶地區相撲活動的發源地。相撲原本從京都、大阪地區開始；不過，由於發生許多糾紛而遭禁止。到了江戶時代貞享元年（1684 年）起，幕府在春、秋兩季於八幡宮境內舉辦 2 場相撲比賽。此後約 100 年，都在此地進行正式的相撲比賽，並確立了賽程及名次等級制度，這也就是現代相撲制度的起源。

在本殿右後方有一區立有橫綱力士碑、超五十連勝力士碑；而在大鳥居入口旁也有大關力士碑、強豪關脇力士碑、巨人力士身長碑、手形足形碑，都是為了紀念相撲力

士的成就而設立，總共有上百位相撲選手的名字。

　　富岡八幡宮於每個月 1、15、28 日的神佛緣日會在廣場上舉辦廟會活動，相當熱鬧！此外，每三年一次，於 8 月 13-15 日舉行的「深川八幡祭」是江戶三大祭之一，參與者抬著 50 多座神轎在街上遊行，兩旁的居民不斷潑水助興，又稱為「水掛け祭り」；晚上也有傳統戲劇、葵太鼓、民俗舞蹈等表演，頗具文化特色，值得參觀！

 Data

　　富岡八幡宮
　◎ 參拜時間：境內 24 小時開放
　◎ 門票：免費
　◎ 交通：從 1 號出口往左走，過十字路口後繼續前進，就可以看到
　　富岡八幡宮的大石碑。
　◎ 網址：www.tomiokahachimangu.or.jp

神保町
(じんぼうちょう，Jimbocho)

・交通指引：

1. 東京車站搭乘「地下鐵丸之內線」電車→大手町，轉乘「地下鐵半藏門線」電車→神保町（車資￥170，車程9分鐘）。

2. 神田車站搭乘「地下鐵銀座線」電車→三越前，轉乘「地下鐵半藏門線」電車→神保町（車資￥170，車程12分鐘）。

3. 渋谷車站搭乘「地下鐵半藏門線」電車→神保町（車資￥200，車程12分鐘）。

4. 新宿車站搭乘「都營新宿線」電車→神保町（車資￥220，車程9分鐘）。

・書街散步：神田古書店街。

神田古書店街

　　神田古書店街位於神田的神保町，是東京地區有名的書店街。雖然這裡大多是以出售古書的舊書店為主；不過，現在也有不少販賣新書的書店及出版社在這裡營業，包含著名的小學館、集英社、廣文館及三省堂書店等。

不少人曾經在這裡找到絕版書，而且
價格只有原書價的一半；因此，這裡也成
為愛好古書的人探尋寶書最熱門的地點。
對日本古書有興趣或想買便宜舊書的讀
者，不妨去找找看！

Data

神田古書店街
◎ 交通：從 A1 或 A7 出口出來都可以。

舞浜 (まいはま，Maihama)

- 交通指引：東京車站搭乘往「蘇我」的「JR 京葉線快速」電車→舞浜（車資￥220，車程 16 分鐘）。
- 人氣樂園：東京迪士尼樂園、東京迪士尼海洋。
- 逛街購物：伊克斯皮兒莉。

東京迪士尼樂園 (東京ディズニーランド)

東京迪士尼樂園位於「東京迪士尼度假區」內，是日本第一座主題樂園，也是一處充滿夢幻的樂園，更是日本主題樂園排行榜第一名，深受遊客所喜愛！

迪士尼度假區範圍廣大，除了「迪士尼樂園」之外，還包含「迪士尼海洋」、「伊克斯皮兒莉」購物中心、「觀海景大飯店」及「度假飯店群」等，各區並有單軌電車連結。

「迪士尼樂園」和「迪士尼海洋」須分別購票入園，票價相同；如果兩個園區都想去，可以購買「兩日護照」，一天玩一個園區，票價也有折扣。

每逢周末假日，迪士尼樂園裡擠滿人潮，各項熱門的遊樂設施都大排長龍，大約要等候 1 小時才輪得到；因此，最好安排在非假日前往，並利用園內的「快速通行券」，才能玩得痛快！

運用「快速通行券」的方法：把「一日護照」插入機器中，會掉出一張印有報到時間的「快速通行券」，

拿到券後，先到下一個想玩的遊樂設施處，等報到時間超過後，用同樣方法預約第二項設施的「快速通行券」，然後回去玩第一項設施。運用這種方式就可以節省等候的時間，也可以玩到更多項設施。

購票時，記得向售票小姐索取中文版的導覽圖，在入口處也有「一周特別節目表」供遊客索取，表內詳列花車遊行、特別節目表演、煙火施放的時間及地點等。

迪士尼樂園各項遊樂設施依其刺激性的程度，分為E、D、C、B、A五個等級；E級的設施最具有挑戰性與冒險性，而A級的設施則相當適合所有的小朋友。

園裡的七大主題分區為：

1. 世界市集：這裡有各種特殊風格的服飾店、獨具風味的餐廳、露天咖啡廳、玩具店，以及紀念商品店等。

2. 探險樂園：這一區比較刺激的遊樂項目有「加勒比海盜」、「叢林巡航」、「西部沿河鐵路」及「提基神殿」。此外，也有各國不同口味的餐飲店。

3. 西部樂園：這裡的「馬克吐溫號遊輪」、「巨雷山」，以及「頑童湯姆之島」都能讓你親身體驗美國西部拓荒時期的情形。此區的餐飲店，大多以美式料理為主。

4. **動物天地**：你想體驗乘坐獨木舟，從高處順流飛奔而下的快感與刺激嗎？趕快來搭乘「狂想飛船」暢遊「飛濺山」吧！

5. **夢幻樂園**：這裡的哥德式「幽靈城堡」能讓人置身於魑魅魍魎之中，考驗遊客的勇氣與膽識，大膽的就來試試看吧！

6. **卡通城**：帶領遊客進入迪士尼世界的童話王國裡，這一區的遊樂器材及餐飲設施大多是為小朋友設計的喔！

7. **明日樂園**：可以從這裡進入不可思議的宇宙與未來，「太空山」、「星際旅行」及「巴斯光年星際歷險」都是非常刺激的項目。

 Data

東京迪士尼樂園、迪士尼海洋
◎ 營業時間：08:00~22:00，若有變動依網頁公告。
◎ 休園日：全年無休
◎ 門票：一日護照（1-Day Passport）全票￥6,900，學生票（國中、高中生）￥6,000，半票（4歲以上）￥4,500，敬老票（65歲以上）￥6,200，三歲以下免費。兩日護照全票￥12,400，學生票￥10,800，半票￥8,000。
◎ 網址：www.tokyodisneyresort.jp/top.html

東京迪士尼海洋（東京ディズニーシー）

　　東京迪士尼海洋是以「海洋」為主題的樂園，位於「迪士尼度假區」內，園內除了遊樂設施之外，一樣有各國料理餐廳、咖啡廳、速食餐飲、紀念品販售店等，受歡迎的程度與迪士尼樂園不分軒輊，營業時間、票價都與迪士尼樂園相同，園內也有「快速通行券」的設置，讓遊客掌握遊園的時間，增進遊園的效率。

　　由於迪士尼海洋是以「海洋」為主題所設計的樂園，園內的遊行活動、特別節目演出、煙火施放等也都是以水上活動為主。

　　園裡的七大海洋主題分區為：

1. 地中海港灣：具南歐風味的港鎮，主要遊樂設施有——迪士尼海洋渡輪、威尼斯貢多拉遊船、要塞探險等。

2. 美國海濱：設計成紐約港及鱈魚岬的海濱風味，呈現出懷舊之情。遊客可以搭乘古董車於美國海濱觀光，也可以搭乘復古式的電車，超越時空到未來的港站「發現港」，更可以搭乘迪士尼海洋渡輪瀏覽整個美國海濱區。想要體驗驚險刺激的人，則可以到「驚魂古塔」試試膽量！

3. 神祕島：以西元 1870 年的南太平洋為主題，帶領遊客來一趟精采刺激的「地心探險之旅」，並深入「海底兩萬哩」，探索神祕的海底世界。

4. 發現港：以超越時空的未來海港為主題，遊客搭乘最新銳的氣象觀測機「風暴騎士」，穿越由噴泉及漩渦所形成的迷宮海港，親身體驗大自然風暴的威力，相當刺激！

5. 失落河三角洲：以西元 1930 年的中美洲加勒比海沿岸熱帶叢林為背景，其中的「印第安納瓊斯冒險旅程」充滿了神祕與探險，也考驗遊客的膽量與魄力；如果膽子夠大，想一窺詭異的考古遺跡，對抗被喚醒的古代神明，那就到「忿怒雙神」試試看吧！

6. 美人魚礁湖：以迪士尼電影「小美人魚」的背景海底世界為主題，裡面的遊樂設施有──飛魚雲霄飛車、迴轉寄居蟹、跳躍水母、河豚氣球、旋轉海藻杯等，都非常適合小朋友玩。

7. 阿拉伯海岸：充滿魔法與天方夜譚神祕氣息的世界，主要的遊樂設施有──飛天魔毯、辛巴達傳奇航行、神燈劇場、沙漠商隊旋轉木馬等。

伊克斯皮兒莉（イクスピアリ）

　　伊克斯皮兒莉是東京迪士尼度假區設置的娛樂購物中心，位於舞浜車站左邊。整個購物中心約有 140 家不同風格的餐飲店及商店，並設有影城，是一座複合型的娛樂購物中心。

　　位於 1 樓的商店街，以時裝店及生活用品店為主，餐飲則大多是咖啡廳、麵包店或外賣壽司店等簡餐店鋪。2樓的迪士尼專賣店則販售所有迪士尼相關的商品，應有盡有，讓人看得眼花繚亂，深受小朋友們的喜愛！精品店、體育用品店、流行時裝店、化妝品店等一家接著一家，西餐廳、中華料理店、咖啡廳、速食店等也都一應俱全；此外，伊克斯皮兒莉影城亦設在這裡。

　　購物中心的 3 樓大多是高級時裝店、皮包店或首飾店，餐飲也以高價位餐廳為主。4 樓則規劃為美食街，無論是法國、義大利、中華或日本等世界各國的料理，在這裡都品嘗得到。

　　由於這裡的建築設計頗具特色，許多遊客在此爭相拍照，迎賓廣場、雅致廣場、演藝廣場、美食街等都是拍照留念的好地方！

秋葉原
(あきばら，Akihabara)

- 交通指引：JR 山手線任何一站搭乘電車→秋葉原。
- 電玩天堂：秋葉原電器街。

秋葉原車站電氣街口

秋葉原電器街

秋葉原車站附近的中央通是東京地區最有名的電器街，整條電器街長達 1 公里，兩旁林立著大大小小的電器商品店，販售各式各樣最尖端精美的電器用品，而且價格公道。這裡的數位相機和攝影機，更是觀光客爭相購買的商品。

許多店家為了吸引顧客，特別標榜「Duty Free」（免稅），外國人購物時，只要出示護照，就可以免除消費稅。為了招攬客人，也有店家雇用能說多國語言的店員為顧客服務，因此溝通沒有問題，且能放心地購買適合海外配置的電器用品。不過，建議在購買時，要貨比三家，有時相同的電器商品，在不同的商店會有不同的售價。

除了電器用品之外，這裡也是日本動畫迷的最愛！許多日本動畫、漫畫及電玩遊戲專賣店，陳列著各式各樣的視覺商品、角色人物商品、書籍及模型等，深受年輕人的喜愛，使秋葉原成為年輕人流

行文化的發源地。這裡也有不少「女僕咖啡店」，吸引喜愛角色扮演的顧客光臨，再加上《電車男》影片的影響，「秋葉原族」已成為這類喜好者的代名詞，「Akiba」也成為日本年輕人對秋葉原的暱稱。

　　西元 2011 年 1 月 23 日起，這裡恢復周日設置「步行購物區」（步行者天國）的規劃，馬路上禁止車輛通行，讓遊客自由自在地逛街購物，營造出以客為尊的安全購物環境。

兩国
(りょうごく，Ryogoku)

- 交通指引：秋葉原車站搭乘「JR 總武線」電車→兩国（車資￥140，車程4分鐘）。
- 文化參觀：江戶東京博物館。

江戶東京博物館

　　江戶東京博物館主要是以展出江戶時代東京地區的歷史演變及文物為主，從德川家康開設江戶幕府（1603年），把江戶打造成當時的政治中心，以及城區的規劃、平民的生活、經濟的變遷，到明治時期的現代化，再經過兩次世界大戰後，東京在蕭條中復甦，成為今日國際性大都市的演變過程。展出的方式有實物、模型、影片、書面資料等，非常豐富；看完之後，能對東京400年來的變遷有更進一步的認識！

　　此外，館方也不定期舉辦各項特展，以及江戶文化相關的講座，期能讓遊客更了解東京。

Data

　　江戶東京博物館
◎ 開館時間：09:30-17:30，周六 09:30-19:30。
◎ 休館日：周一，但更換展示品或檢修休館依網頁公告。
◎ 門票：全票￥600，大學生￥480，國、高中生￥300，65歲以上
　　￥300，小學生以下免費。
◎ 交通：從車站西口往右走，約3分鐘就到了。
◎ 網址：www.edo-tokyo-museum.or.jp

上野（うえの，Ueno）

- ·交通指引：JR 山手線任何一站搭乘電車→上野。
- ·推薦景點：上野公園、不忍弁天堂、上野動物園。
- ·逛街購物：阿美橫。

上野車站公園口

上野公園

　　上野公園於明治 6 年（1873 年）時，與芝公園、淺草、深川、飛鳥山同時被日本政府規劃為「公園」，是日本最早的五座「公立公園」。

　　上野公園占地廣闊，景色優美，園內遍植櫻樹，約有1,200 多株，每年春天櫻花綻放，將園區點綴得姹紫嫣紅，

使這裡成為著名的賞櫻名園。夏季時，不忍池中長滿荷葉，粉紅欲滴的荷花點綴其中，非常漂亮！

　　園區內隨處可見成群的野鴿自在地飛翔，而且不畏懼人類，時常飛到遊客身上覓食，相當有趣！公園裡除了噴水池、不忍池、合格大佛之外，還有西洋美術館、上野動物園、國立科學博物館等設施，不論平時或假日，都是遊客休憩、散步的好去處。

不忍弁天堂

不忍弁天堂就在上野公園不忍池中的「弁天島」上，創建時的弁天堂已於戰火中焚毀，現在見到的是昭和 33 年（1958 年）所重建。

不忍弁天堂的建築呈現八角形，祭祀的主神為「八臂大弁財天」，是日本七福神之一，也是掌管長壽、福德、藝能的女神。據說，「弁財天」女神源自於印度，原本的意思是河川之神，由於女神手抱琵琶，傳入日本後，就成為藝能之神。

在弁天島上，有一座「不忍池由來碑」記載著不忍池的歷史，另有 15 座名人紀念塚讓日本人表達緬懷先人之意。

上野動物園

上野動物園位於「上野公園」內，於明治 15 年（1882 年）開園，是日本第一座公立動物園。園內擁有 300 多種不同的動物，其中最著名的動物明星就是「貓熊」。

從動物園東園到西園的「可愛動物區」之間，有單軌電車和伊索橋相連結。小朋友們最喜愛的就是「可愛動物區」了，在這裡，小朋友們可以接近並撫摸小山羊、小白兔、迷你馬等溫馴可愛的小動物，親身體驗如何與小動物相處，從小培養愛護小動物的觀念。

 Data

上野動物園
◎ 開園時間：09:30～17:00
◎ 休園日：周一及新年期間（12 月 29 日至翌年 1 月 1 日），周一逢國定假日順延一日休園。
◎ 門票：全票（高中生以上）￥600，學生票（國中生）￥200，敬老票（65 歲以上）￥300，小學生免費。
◎ 免費開放：開園紀念日（3 月 20 日）、綠化節（5 月 4 日）及都民節（10 月 1 日）。每年兒童節（5 月 5 日）國中生免費，敬老周（9 月 15-21 日）60 歲以上及陪同者一人免費入園。
◎ 網址：www.tokyo-zoo.net/zoo/ueno

上野車站広小路口

阿美橫（アメ橫）

　　阿美橫是上野地區最著名且熱鬧的傳統市集，就在上野車站「広小路口」出口對面。整個市集沿著山手線的鐵路高架橋延伸，從上野車站到御徒町車站，全長約 600 公尺。

　　由於阿美橫沿著山手線兩側發展，所以商業型態也分為兩種。右側有「アメ橫」看板的徒步區，以農產品、生鮮魚貨、水果、服飾、藥品及日常用品等販售為主；左側則大多是餐飲店，如：拉麵店、咖哩飯店、中華料理店、壽司店等。

　　值得介紹的是，在徒步區的右側巷道中，有一家土產店「二木的菓子」，販售的商品價格特別便宜，吸引許多遊客購買作為伴手禮。

　　雖然在這裡購物會有物美價廉的感受；不過，決定購買前一定要貨比三家，有時相同的物品在不同的店家會有不同的售價，要特別注意！

田原町
(たわらまち，Tawaramachi)

- 交通指引：上野車站搭乘「地下鐵銀座線」電車→田原町（車資￥170，車程3分鐘）。
- 逛街購物：合羽橋道具街。

合羽橋道具街（かっぱ橋道具街）

　　合羽橋道具街位於淺草和上野之間，是販售飲食相關商品的商店街。從大正時期開始，這裡就聚集不少經營中古器具的商店。二次大戰後，為因應各種餐飲工具的需求，各式各樣與餐飲相關的專賣店開始營業，逐漸發展成一條長約800公尺，並聚集170多家店鋪的商店街，販售各種餐飲器具、模型、道具、廚具、餐具、廚房設備、製果用品、陶器、漆器等。由於各種餐飲模型製作得唯妙唯肖，幾可亂真，也成為觀光客購買回去擺設的紀念品。

　　在街上可以看到一尊貼金箔的「河童河太郎」銅像，究竟河童和這裡有什麼關係？難道是因為「合羽」的發音和河童一樣，都讀做「カッパ」嗎？有兩種說法：

　　其一，以前這裡是城主伊予新谷的別墅，下級武士和士兵為了多賺點錢貼補家用，以編織「合羽」（蓑衣）為副業，天氣好的時候就把「合羽」晾在橋邊；因此，此地就被稱為合羽橋。

　　另一說法，大約一百八十年前，此地排水不良，每逢下雨就造成洪水，一位叫做合羽屋喜八的人便拿出自己的財產，進行挖掘疏洪道的工程。但工程進行得並不順利，附近的「カッパ」（河童）受到他的善行感動，便利用晚上暗中幫忙，使工程順利完成；因此，此地就被稱為カッパ橋。這也是傳說看到河童的人會開運，做生意會賺錢的由來。

　　至於真正的答案是哪一個？就讓讀者自己去查證吧！

Data

合羽橋道具街
◎ 營業時間：09:00-17:00
◎ 公休日：各店家不同，詳情請參閱網頁公告。
◎ 交通：從 3 號出口出來往回走到十字路口後，右轉前進，到第二個紅綠燈再右轉就到了。
◎ 網址：www.kappabashi.or.jp

淺草 (あさくさ，Asakusa)

- 交通指引：上野車站搭乘「地下鐵銀座線」電車→淺草（車資￥170，車程5分鐘）。
- 推薦景點：雷門、仲見世通、淺草觀音寺。
- 水上觀光：東京觀光船。

雷門 · 仲見世通 · 淺草觀音寺

淺草觀音寺正式的名稱為「金龍山淺草寺」，是日本「聖觀音宗」的總寺院，也是東京最古老的寺院。

寺中原本奉祀的「聖觀世音菩薩」是在飛鳥時代推古天皇36年（628年）時，漁夫在「隅田川」捕魚時撈到的。孝德天皇大化元年（645年）時，勝海上人於夢中受菩薩指示，將「聖觀世音菩薩」定為「祕佛」，不得公開展示。現在寺中奉祀的菩薩像，是平安時代天安元年（857年）京都延曆寺的慈覺大師到此參拜時雕刻而成。

淺草觀音寺香火鼎盛，除了日本國內的信徒之外，一年四季都有來自世界各國的虔誠信徒到此膜拜，再加上大量的遊客，使這裡更加熱鬧非凡，隨時都充滿人潮。

「雷門」是淺草觀音寺的大門，入口處掛了一個巨大的紅色燈籠。進入雷門後，就是著名的「仲見世通」；在這條長達300公尺的商店街裡，販售著各式各樣充滿江戶風味的商品，使人彷彿置身於江戶時期的市井街道中，這些具有東洋風味的特產和紀念品都令人愛不釋手。

Data

淺草觀音寺
◎ 參拜時間：06:30~17:00
◎ 門票：免費
◎ 交通：從淺草車站 1 號出口出來，往前直走就到「雷門」了。
◎ 網址：www.senso-ji.jp

東京觀光船（TOKYO CRUISE）

　　東京觀光船乘船處就在淺草車站旁的吾妻橋畔，從這裡可以搭乘觀光船到臨海副都心的「日之出棧橋」（碼頭），再轉乘百合海鷗線電車到台場新市鎮，好好地暢遊這個新開發的觀光遊樂區。

　　觀光船的行程順著隅田川而下，從 14 座橋樑下穿越過後才到達日之出棧橋。從淺草到日之出，船資￥780，船程約 40 分鐘。

Data

東京觀光船
◎ 網址：www.suijobus.co.jp

押上（おしあげ，Oshiage）

- 交通指引：
  1. 上野車站搭乘「地下鐵銀座線」電車→淺草（車資￥170，車程5分鐘），轉乘「都營淺草線」電車→押上（車資￥180，車程4分鐘）。
  2. 秋葉原車站搭乘「JR總武線」電車→錦糸町（車資￥160，車程7分鐘），轉乘「地下鐵半藏門線」電車→押上（車資￥170，車程3分鐘）。
  3. 東京車站搭乘「地下鐵丸之內線」電車→大手町，轉乘「地下鐵半藏門線」電車→押上（車資￥200，車程23分鐘）。
- 東京新地標：東京晴空塔。

東京晴空塔（TOKYO SKY TREE）

　　東京晴空塔是東京地區最新的熱門觀光景點，於西元2012年5月22日開始營運，塔高634公尺，是世界第一高的獨立式電波塔。

　　東京晴空塔的建造主要是為了因應數位化時代的來臨，作為數位化電視播放系統，以取代傳統的類比信號播放系統。除了具備電波發射塔的功能之外，也兼具觀光娛樂功能，同時在樓高350公尺處及450公尺處分別設置了兩個展望臺。

遊客在 4 樓購票後，再搭乘分速 600 公尺的高速電梯直達第一展望臺俯瞰東京都，享受居高臨下、美景盡收眼底的滿足感。這裡也設有咖啡廳、餐廳和紀念品販售部，讓遊客一邊喝咖啡、享受美食，一邊欣賞東京都的景致。

　　在樓高 450 公尺處的第二展望臺則規劃為空中迴廊，讓遊客站在玻璃步道上體驗空中散步的刺激感受！售票處就在第一展望臺。

　　晴空塔的下方則規劃為晴空商店街（Solamachi）、晴空廣場、親水公園、空中商店街、餐廳區及 5 樓的墨田水族館（すみだ水族館）等，延伸到車站出口，總長約 400 公尺，成為吸引遊客的最新熱門觀光景點。

Data

東京晴空塔
◎ 營業時間：08:00~22:00
◎ 公休日：全年無休
◎ 門票：第一展望臺全票￥2,060，學生票（國、高中生）￥1,540，半票（小學生）￥930，幼兒票（4 歲以上）￥620。空中迴廊全票￥1,030，學生票￥820，半票￥510，幼兒票￥310。
◎ 網址：www.tokyo-skytree.jp

巢鴨 (すがも，Sugamo)

- 交通指引：JR 山手線任何一站搭乘電車→巢鴨。
- 逛街購物：巢鴨地藏通商店街。
- 宗教體驗：高岩寺。

巢鴨地藏通商店街

巢鴨地藏通商店街是一條具有江戶風味的老街，素有「歐巴桑的原宿」之稱，是東京的歐巴桑們最喜歡逛的商店街！這條商店街為了營造出特有的風格，假日時禁止車輛通行，並在街道中擺設休閒雅座，遊客可以隨時坐下休息，悠閒地享受逛街購物的樂趣。

這裡的服飾店販售的衣物大多是歐巴桑們喜歡的款式，各種食材、土產、和菓子、零嘴等也都遵循古法製作，具有江戶傳統口味；因此，散步其中，讓人感受到一股懷舊、寧靜的氛圍。此外，為了迎合年輕人，現代口味的咖啡廳、拉麵店、定食餐廳、藥妝店等這裡也有。

Data

巢鴨地藏通商店街
◎ 交通：從巢鴨車站正面口出來，過馬路後，往右邊方向走就到了。

高岩寺

高岩寺位於地藏通商店街內，全名為「曹洞宗萬頂山

高岩寺」，寺中供奉的「拔刺地藏」（とげぬき地藏）和寺前廣場上的「淨行菩薩」都以靈驗聞名。

相傳，在江戶時代（1715 年）時，長州藩毛利家族的一名女眷不小心喉中卡進一根針，痛苦萬分！就在大家都束手無策時，一位高僧在紙上畫了一尊地藏菩薩像，並讓這名女眷將紙含入口中。一會兒，女眷就從口中吐出針來。這位高僧所繪的，正是高岩寺所奉祀的「拔刺地藏」菩薩；自此以後，高岩寺就成為眾多善男信女的信仰中心。

另外，每天都有信徒在「淨行菩薩」前大排長龍；據說，身體哪裡有病痛，只要虔誠地用乾淨的布在菩薩相同的部位擦洗，就能獲得菩薩庇佑，迅速康復。

Data

高岩寺
◎ 參拜時間：06:00-17:00
◎ 門票：免費

池袋
(いけぶくろ，Ikebukuro)

- 交通指引：
  1. JR 山手線任何一站搭乘電車→池袋。
  2. 池袋車站（或有樂町）搭乘「地下鐵有樂町線」電車→東池袋（車資￥170，車程 2 分鐘）。
- 逛街購物：池袋陽光城。

池袋車站東口

池袋陽光城（サンシャインシティ）

　　池袋陽光城（Sunshine City）是由陽光大樓、阿魯巴（アルパ）購物中心、世界貿易大樓、文化會館和王子飯店等五棟大樓所組成的複合型娛樂購物城。

　　陽光大樓高 240 公尺，共有 60 層樓，不但是池袋的新地標，「サンシャイン 60」也是池袋的象徵。陽光大樓第 60 樓設有展望臺，遊客可以從 B1 搭乘高速電梯直達展望臺，俯瞰池袋地區的景致。這座高速電梯每分鐘速度可達 600 公尺，從 B1 直升到頂樓，只要 35 秒，速度相當驚人！

　　阿魯巴購物中心共有四個樓層，約有 230 多家各式風格的店鋪，無論是流行時尚的服飾店、童裝店、生活用品店，或是咖啡廳、日本料理、中華料理、韓國烤肉、西餐廳等應有盡有，頗能滿足顧客的需求。

世界貿易大樓 2 樓設有小朋友最喜愛的卡通遊樂城「南佳城」（ナンジャタウン）。3 樓則設有以日本動漫為主題的遊樂區「東京 J 世界」（J-WORLD TOKYO），如：《七龍珠》、《火影忍者》、《海賊王》等場景及遊樂設施都是動漫迷所熟悉的。頂樓的「陽光水族館」是日本最高的「都市型水族館」，除了有海獅、海獺表演，企鵝、鵜鶘、魚類餵食秀之外，館內還飼養 868 種，4 萬多尾的水中生物，值得參觀！對天文有興趣者可以到水族館旁的「天文館」觀測天象，欣賞館內播映的宇宙探祕節目，增進天文知識。

此外，在文化會館的 7 樓則有「古代東方博物館」，展出東方古代的歷史文物，讓遊客藉由探索東方古文明，進行一趟神祕的歷史文化之旅。

池袋陽光城設施

設施名稱	營業時間	票價			
		全票 （高中生以上）	學生票 （國中、小）	幼兒票 （4 歲以上）	敬老票 （65 歲以上）
展望臺	10:00~21:30	￥620	￥460	￥310	￥500
天文館	11:00~20:00	￥1,100	￥500	￥400	￥900
陽光 水族館	4~10 月 10:00~20:00 11~3 月 10:00~18:00	￥2,000	￥1,000	￥700	￥1,700
東京 J 世界	10:00~22:00	一日券全票（高中生以上）￥2,600，半票（4 歲以上）￥2,400。 入園券（不含遊樂設施）全票￥800，半票￥600。			
南佳城 NAMJA TOWN	10:00~22:00	一日券全票（國中生以上）￥3,000，半票（4 歲以上）￥2,400。 入園券（不含遊樂設施）全票￥500，半票￥300。 半日券（17:00 後入場）全票￥2,000，半票￥1,600。			
古代東方 博物館	10:00~17:00	全票￥600，學生票（高中、大學生）￥500，半票（國中、小）￥200。 周六、周日高中生以下免費。			

 Data

　池袋陽光城
◎ 交通：
　　1. 從中央口出來，再從 35 號出口上來，往前直走到十字路口，過馬路後向左沿著「サンシャ
　　　イン 60 通り」前進，就可以看到「Sunshine City」看板，約 8 分鐘路程。
　　2. 從東池袋車站 6 號出口上來，步行約 3 分鐘就到了。
◎ 網址：www.sunshinecity.co.jp

豐島園
(としまえん，Toshimaen)

- 交通指引：
  1. 池袋車站搭乘「西武池袋線」電車→豐島園（車資￥180，車程14分鐘）。
  2. 新宿車站搭乘「都營大江戶線」電車→豐島園（車資￥270，車程20分鐘）。
- 遊樂園地：豐島園。

豐島園

　　豐島園位於池袋近郊，園內遊樂設施完善，每逢假日，時常可以看到親子同遊的溫馨畫面，其受歡迎的程度不亞於「東京迪士尼樂園」。

　　豐島園占地廣達33萬平方公尺，園內有30多種遊樂設施，其中的「海盜飛艇」、「飛天魔毯」、「雲霄飛車」和「超級前進上轉車」等都非常刺激，光是站著看就足以讓人感到驚心動魄！膽子夠大的人則可以到「日本鬼屋」試試膽量！此外，園內的「黃金國」旋轉木馬是西元1907年時由德國的工匠所製造，也是世界上最古老的旋轉木馬，頗有歷史意義。

　　豐島園內設有游泳池，在炎熱的夏季裡，開放9條滑水道及6座各具特色的游泳池，吸引大批的遊客到此消暑。

 Data

豐島園
◎ 開園時間：10:00~18:00，周末假日 10:00~20:00；若有調整依網頁公告。
◎ 休園日：周二、周三，若有調整依網頁公告。
◎ 門票：一日券（一票玩到底）全票（國中生以上）￥4,200，半票￥3,200；部分設施一日券（キッズのりもの 1 日券，可玩 20 種）全票￥2,700，半票￥2,200；入園券（不含遊樂設施）全票￥1,000，半票￥500。游泳池費用另計。
◎ 網址：www.toshimaen.co.jp

遨遊台場

台場新市鎮

　　台場新市鎮是東京灣畔著名的旅遊景點，各式各樣的商業購物大樓、美食廣場，以及休閒娛樂中心林立，再加上自然舒適的海濱公園美景，不但受到日本國內遊客的歡迎，也是外國觀光客到東京必遊之地。每逢周末假日，日本各大廠商或電視臺會在這裡舉辦各種活動，吸引大量人潮，相當熱鬧！

　　想要遨遊台場，可以購買「百合海鷗線一日券」（ゆりかもめ一日乘車券），好好地玩一天！下面各景點均屬「百合海鷗線一日券」的有效範圍內。

台場優惠車票

百合海鷗線一日券（ゆりかもめ一日乗車券）

　　「百合海鷗線一日券」是專為想要在台場地區好好暢遊一天的遊客所設計的優惠車票。使用這種車票，可以在一天之內不限次數搭乘百合海鷗線電車，只要搭車次數超過 3 次以上就划得來；不但能省下不少車錢，而且玩得盡興！每張車票的票價為全票￥820，半票￥410；在百合海鷗線各車站的售票機都有出售。

　　讀者們可以利用下列方法購買一日券：1. 從 JR 山手線新橋車站「銀座口」走到「百合海鷗線」的「新橋車站」購買一日券。2. 在淺草搭乘「東京觀光船」到「日之出」，再步行到「日の出車站」購買一日券，遨遊台場。

日の出（日之出，Hinode）

- 水上遊艇：日之出棧橋。

日之出棧橋（碼頭）

　　從淺草搭乘東京觀光船到這裡之後，就可以走到「日の出車站」購買「百合海鷗線一日券」，搭乘電車遨遊台場；也可以在這裡搭乘遊艇到台場海浜公園、大摩天輪及東京國際展示場等地。此外，還可以從這裡搭乘觀光船到淺草地區，但不能使用一日券，必須另外購買船票。

芝浦ふ頭（Shibaura-futo）

・ 新鮮體驗：彩虹大橋觀景步道。

彩虹大橋觀景步道

　　彩虹大橋（レインボーブリッジ）是一座長 798 公尺的大型海上橋樑，橋的一端是「芝浦」，另一端則是通往臨海副都心的「台場」及「有明」地區。

　　這座橋的橋面有兩層，上層為汽車、巴士通行，下層是百合海鷗線的通車軌道，左、右兩側則有長約 1,700 公尺的行人觀景步道。遊客可以從「芝浦ふ頭」車站走到步道入口免費上橋。觀景步道分為左右兩條，想要欣賞東京港的風景要搭乘右邊的電梯，想要眺望台場的景致則必須搭乘左邊的電梯，到達 7 樓後，就可以一邊散步，一邊欣賞美景。

 Data

彩虹大橋觀景步道
◎ 開放時間：4 月 1 日至 10 月 31 日 09:00~21:00，11 月 1 日至翌年 3 月 31 日 10:00~18:00。
◎ 公休日：每月第三個周一，逢國定假日則順延一天。
◎ 門票：免費
◎ 交通：從「芝浦ふ頭」車站依指標步行約 350 公尺就到了。

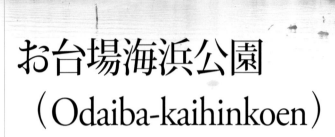

お台場海浜公園
（Odaiba-kaihinkoen）

- ・娛樂購物：東京狄克斯海濱。
- ・休閒景點：台場海浜公園。

東京狄克斯海濱（デックス東京ビーチ）

東京狄克斯海濱是兼具購物、餐飲及娛樂功能的大型百貨購物中心。由於地勢與建築的緣故，購物中心分為海岸商場（Seaside Mall）及島嶼商場（Island Mall）兩棟，中間有通道相通，大門的位置其實是在3樓，1、2樓則作為停車場。

除了服飾店、運動用品店、土產店及各式商品店之外，購物中心內也規劃了各種主題區，以吸引遊客。海岸商場的3樓設有超大型室內遊樂場「JOY POLIS」，4樓規劃為「台場一丁目商店街」及「章魚燒博物館」；島嶼商場的3樓設有展示世界風雲人物蠟像的「杜莎夫人蠟像館」，4樓則有「東京幻視藝術館」等。兩棟商場的5、6樓則是各國料理餐廳區。

「台場一丁目商店街」打造成昭和30年代（1955年）的日本老街，裡面的老車站、雜貨店、食堂等都充滿懷舊氛圍，在這裡逛街購物別有一番風味。

「章魚燒博物館」則介紹大阪於昭和10年（1935年）出現的平民美食「章魚燒」的發展過程，並展示製作章魚燒的工具、配料、調味料等；看過之後，

一定能對章魚燒有更進一步的認識！此外，這裡也集合了大阪最受歡迎的 5 家章魚燒店，分別是大阪市的會津屋、十八番、芋蛸、道頓堀的くくる、天王寺阿倍野區的小山（やまちゃん）等，讓遊客品嘗口味最道地的大阪章魚燒。

「東京幻視藝術館」則是利用立體繪畫與視覺錯位效果，構成有趣、恐怖或驚險的畫面，而且幾可亂真，進去參觀時要記得帶相機拍照喔！

Data

東京狄克斯海濱
◎ 營業時間：11:00-21:00，部分樓層及設施依網頁公告。
◎ 休館日：不定休（每年一天）
◎ 網址：www.odaiba-decks.com

台場海浜公園

台場海浜公園是「台場新市鎮」最具代表性的公園，也是東京「臨海副都心」地區夏季避暑的最佳場所。每逢假日，許多遊客會到公園裡野餐、享受日光浴，或是駕著帆船在海上遨遊，優美的景色與悠閒的氣氛可以媲美美國西海岸的海灘。

在公園裡就可以清楚地看到「彩虹大橋」，尤其到了傍晚時分，不但可以欣賞夕陽餘暉的美景，由橋墩投射出的燈光也將「彩虹大橋」照耀得更亮麗迷人，使這裡成為情侶約會的最佳場所。

台場（Daiba）

- 觀光景點：自由女神像、彩虹大橋、富士電視臺球體展望室、潮風公園。
- 娛樂購物：水色城市、東京台場購物廣場。

自由女神像・彩虹大橋

座落於台場的自由女神像，高 11 公尺，重達 9 噸，加上基座則高達 27 公尺，以青銅塑造而成，是法國政府致贈給日本的紀念品。

西元 1998 年，日本舉辦「日本法國年」活動，法國將自由女神像送到日本展出兩年。兩年後，自由女神像送回法國；不久，日本政府收到法國致贈一尊自由女神像複製品，便將其安置在台場供遊客參觀。

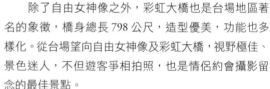

除了自由女神像之外，彩虹大橋也是台場地區著名的象徵，橋身總長 798 公尺，造型優美，功能也多樣化。從台場望向自由女神像及彩虹大橋，視野極佳、景色迷人，不但遊客爭相拍照，也是情侶約會攝影留念的最佳景點。

水色城市（AQUA CITY）

水色城市是位於台場車站前的大型娛樂購物中心，緊鄰台場海濱公園，旁邊就是自由女神像。

這棟購物中心共有 6 層樓，販售的商品如：嬰兒

用品、寵物用品、男女服飾、運動用品、家電製品、日常生活用品等應有盡有；各種料理餐廳，如：壽司、拉麵、咖哩飯、牛排、臺灣料理、中華料理、義大利麵等，種類繁多，頗能滿足饕客的口腹之慾。

　　娛樂方面，除了電動遊樂場之外，這裡也設有東京最大的複合式影城「mediage」，使用最先進的影像音響設備，讓遊客在舒適的環境中欣賞電影。影城共有 13 個廳，每個廳都使用超大型銀幕，座位分為 1、2 樓，全部可容納 3,000 多名觀眾同時欣賞電影。

　　在 5 樓則規劃了「拉麵國技館」，邀請日本各地精選出來的頂尖拉麵店在這裡設店，讓遊客品嘗口味最道地的拉麵，如：札幌よし乃的味噌拉麵、京都天天有的雞湯拉麵、博多二男坊的豚骨拉麵、大阪誠屋（まこと屋）的牛醬拉麵、博多西江商店的什錦豚骨拉麵、千葉勝浦的擔擔麵等，這些具有代表性的拉麵，在此處都能品嘗到。此外，在樓頂還設有花園廣場和神社，讓遊客散步賞景之餘，也能參拜祈福。

Data

水色城市
◎ 營業時間：11:00-21:00，部分樓層及設施依網頁公告。
◎ 休館日：全年無休
◎ 網址：www.aquacity.jp

富士電視臺球體展望室（フジテレビ球体展望室）

　　台場車站旁的富士電視臺大樓是一棟相當新潮前衛的建築物，其外觀是由日本著名的建築設計師丹下健三先生所設計。

　　整棟大樓採用鋼骨結構式的外型，中央的球體造型正是富士電視臺的註冊商標，也是著名的「球體展望室」。展望室位於 25 樓，高 123.45 公尺，是臨海副都心地區最高的展望室。從這裡向下俯瞰，東京地區的景色盡入眼簾，視野極佳！

　　此外，遊客也可以到 5 樓的攝影棚免費參觀錄影情形，而 7 樓的商品販售部則販賣富士電視臺專屬的紀念品、土產或文具用品等。

Data

富士電視臺球體展望室
◎ 開放時間：4 月 1 日至 10 月 31 日 09:00-21:00，11 月 1 日至翌年 3 月 31 日 10:00-18:00。
◎ 公休日：周一，逢國定假日則順延一天。
◎ 門票：全票（高中生以上）￥550，半票（國中、小）￥300。
◎ 網址：www.fujitv.co.jp/gotofujitv/hachitama

東京台場購物廣場（Diver City Tokyo Plaza）

東京台場購物廣場是台場車站附近的大型購物廣場，共有 7 層樓，門口設置一座全球最大的鋼彈立像，成為超吸睛的象徵。

館內以「劇場型都市空間」的概念設計，讓遊客耳目一新，成為提供遊客購物、休閒、品嘗美食的新景點。在這裡，能買到最受歡迎的各國品牌商品和獨創性的個性商品，又能體驗各式各樣新潮的娛樂設施，品嘗各國料理和道地的日本美食，頗能滿足遊客的需求。

此外，在 2 樓的土產專賣店「ザ・台場」販售獨特的限定商品，只有這裡才買得到；而在三麗鷗專賣店「Hello Kitty Japan」裡，除了可以買到 Hello Kitty 原創商品、文具組合、禮品、小飾品及各種紀念品之外，還有現場製作的 Hello Kitty 金黃蛋糕、冰淇淋等，相當有趣！

> **Data**
>
> 東京台場購物廣場
> ◎ 營業時間：購物區 10:00-21:00，美食廣場 10:00-22:00，餐廳區 11:00-23:00。
> ◎ 休館日：全年無休
> ◎ 網址：www.divercity-tokyo.com

潮風公園

潮風公園位於台場車站出口左邊，隅田川出海口，面積廣達 15 萬平方公尺，是台場地區最大的公園。由於隅田川從這裡匯入東京灣，往返於台場地區的遊艇會經過這裡，再加上羽田機場起降的班機也會從這裡飛越過，使此處的景色更加美不勝收！

每逢黃昏時刻，公園內的「夕陽之塔」附近可以看到對對情侶相擁其間，並坐著一起欣賞夕陽餘暉，充滿羅曼蒂克的氣氛！

テレコムセンター
（電信中心，Telecom Center）

- 資料展示：東京港資料館。
- 泡湯之樂：大江戶溫泉物語。

東京港資料館（東京みなと館）

　　東京港資料館位於車站前的「青海フロンティア」大樓20樓，兼具研究與休閒雙重功能。

　　館方利用大型模型與資料的展出，如：江戶時期開港的模型、現在與未來的模型、文件史料及圖片展示、影片播映等方式介紹東京港的歷史演變過程，以及未來的展望等，資料相當豐富，頗有研究與學習的價值。

　　這裡也是眺望東京地區絕佳的地點，從館內向外看去，不但台場新市鎮、臨海副都心及東京港周邊景物盡收眼底，天氣好的時候，就連富士山及筑波山也都看得一清二楚，令人賞心悅目！

 Data

　　東京港資料館
　◎ 開館時間：09:30~17:00
　◎ 休館日：周一及新年期間（12月28日至翌年1月4日）。
　◎ 門票：全票（高中生以上）¥200，半票（國中、小）¥100；
　　　免費開館日依網頁公告。
　◎ 網址：www.tokyoport.or.jp/40minatokan0103.htm

大江戶溫泉物語

　　大江戶溫泉物語位於台場臨海副都心，於西元 2003 年開幕，是東京地區最早以「溫泉」為主題的樂園，也是相當受歡迎的泡湯溫泉館。根據館方表示，這裡的溫泉是從該館地下 1,400 公尺處汲取出來的天然泉水，具有治療神經痛、關節痛、五十肩、運動酸痛、慢性皮膚病、慢性婦人病等功效，泉質可說相當棒！

　　遊客在入口處脫掉鞋子後，先到「越後屋」選擇喜歡的浴衣花色，共有 9 種，每種花色都有不同的涵義，實在有趣！

　　館內規劃有室內溫泉區、露天溫泉區、泡腳專用的「足湯」、用碎砂石覆蓋全身的「砂風呂」，以及躺在岩鹽上蒸烤的「岩鹽風呂」等，遊客彷彿置身於江戶時代的庭園裡享受泡湯的樂趣！不過，砂風呂和岩鹽風呂須另外收費。

　　館中的廣小路兩旁設置了各種童玩店、小吃攤，讓遊客體驗江戶時期的風情，餐飲店則提供遊客品嘗江戶口味的各種料理。此外，如果想要「馬殺雞」，這裡也有計時收費的腳底按摩和全身按摩等服務，是一處適合和朋友、戀人或全家人一起來的溫泉度假中心。

 Data

　　大江戶溫泉物語
　◎ 營業時間：11:00- 隔天上午 09:00，入館時間至早上 07:00。檢修日營業時間為 11:00-23:00，檢修日期依網頁公告。
　◎ 休館日：全年無休
　◎ 門票（含浴衣、毛巾）：全票（國中生以上）￥2,480，周末及國定假日￥2,680，特定日（依網頁公告）￥2,880；半票￥1,000，4 歲以下免費。可以刷卡。
　◎ 夜場票（18:00 後入館）：平日￥1,980，周末及國定假日￥2,180，特定日￥2,380。
　◎ 過夜加價：凌晨 02:00 後未出館者，追加￥2,000 過夜費。
　◎ 晨間票（凌晨 05:00-07:00 入館）：￥1,580。
　◎ 網址：www.ooedoonsen.jp/daiba

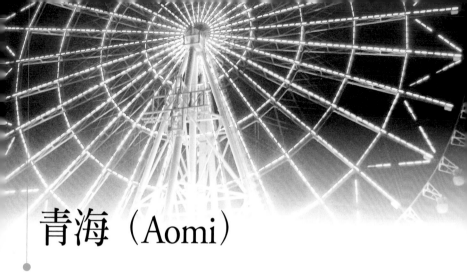

青海（Aomi）

- 逛街購物：維納斯城堡。
- 夜景欣賞：大摩天輪。

維納斯城堡（Venus Fort）

　　維納斯城堡是位於青海車站旁的大型購物商場，共有三層樓。1樓販售兒童用品、寵物用品、家電用品及日常生活用品，2樓販售各種最新流行趨勢商品、化妝品、珠寶首飾等，3樓則販售日本年輕人最喜愛的流行服飾、居家用品及奧特萊斯潮流精品。值得一提的是，2樓設計有噴泉廣場、橄欖廣場與教會廣場等中古歐洲風味的商店街，頗有特色！

　　噴泉廣場是維納斯城堡中最大的廣場，廣場中央有一座噴水池，池中塑有6位女神，吸引許多遊客在此拍照留念。順著噴泉廣場進去，會到達圓形的橄欖廣場，站在廣場中央拍手，可以聽見響亮的回音。從這裡再往裡面走，兩旁的餐廳飄散出各國料理的食物香味，令人食指大動，走到盡頭就是教會廣場。

　　教會廣場是維納斯城堡中最充滿夢幻氣氛的地方，許多電視節目和雜誌都曾經介紹過，不少演員與名人也曾在這裡表演過。仰望教會廣場的天空，讓人驚覺白雲飄動；而且將驚奇地發現，原本呈現橘紅晚霞的天色，在逛完一圈又回到這裡時，已變成晴朗的藍天，真是不可思議！

大摩天輪（大観覧車）

　　位於青海車站附近的大摩天輪直徑 100 公尺，高度 115 公尺，是台場地區相當醒目的標的物；尤其在夜晚時分，五彩繽紛的燈光將摩天輪點綴得美輪美奐，變幻出各種不同的幾何圖形，宛如彩色的調色盤一般，非常亮麗迷人！

　　搭乘大摩天輪繞行一圈約 16 分鐘，因此也成為熱戀中的情侶必遊之處；尤其是能和心愛的人單獨在高空中約會，一邊欣賞東京灣、彩虹大橋、東京鐵塔的景致，一邊互訴衷情，日後更能留下難忘甜蜜的回憶！

國際港橫浜　橫浜優惠車票　新橫浜　櫻木町　關內　日本大通り
石川町　八景島　大船

横浜地區

國際港橫浜

　　橫浜是東京的外港，日本第二大都市，也是日本鎖國政策後最早對外開放貿易的港口，與「神戶」並稱為日本兩大國際貿易港。橫浜港區擁有許多西洋風格的建築及異國風味的餐廳、咖啡廳，更有全日本第一高建築物「橫浜地標塔」（The Landmark Tower），港中停泊各式各樣的豪華客輪，是一座充滿異國情調的都市。

　　想要搭乘 JR 電車到橫浜，可以在上野車站搭乘「京浜東北線」、「上野東京ライン」電車，或是從東京車站搭乘「東海道線」、「橫須賀線」電車，這四條路線都會經過東京、品川兩個站；也可以從池袋或新宿車站搭乘「湘南新宿ライン」電車，經大崎到橫浜。

　　這些電車的車資相同，但路線及停靠的站數不同，所以車程時間也不同。其中，「京浜東北線」電車由於停靠站數較多，車程時間也較長；讀者們可以根據行程規劃，選擇搭乘的車種。

　　要特別注意的是，除了「京浜東北線」之外，其他四種電車會在列車中間加掛兩節對號入座的「綠色車廂」，須另購座位票，無座位票者切勿進入，以免被罰錢。

　　本書將以品川車站作為起點，選擇其中的路線介紹，以方便讀者查詢與規劃行程。

横浜優惠車票

横浜・港未來一日券

（ヨコハマ・みなとみらいパス）

　　想要到東京近郊的横浜玩一天，可以先搭乘電車到横浜，再購買「横浜・港未來一日券」，暢遊横浜地標塔、港未來區、中華街、山下公園及山手義大利山庭園等地。

　　使用這種車票，可以在一天之內不限次數搭乘横浜至新杉田之間的 JR 電車，以及港未來線電車。每張車票的票價為全票￥520，半票￥260，相當實惠！售票地點在横浜至新杉田之間的 JR 車站自動售票機、綠色窗口（みどりの窓口）、横浜車站的旅遊服務處（びゅうプラザ）。

　　利用自動售票機的購票方式如下：1. 將錢幣投入「JR 乘車券」售票機中。2. 按下螢幕上的「おトクなきっぷ」（優惠車票）鈕。3. 用手指觸摸螢幕中的「ヨコハマ・みなとみらいパス」鈕，就可以買到車票了。

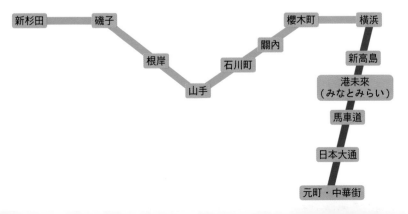

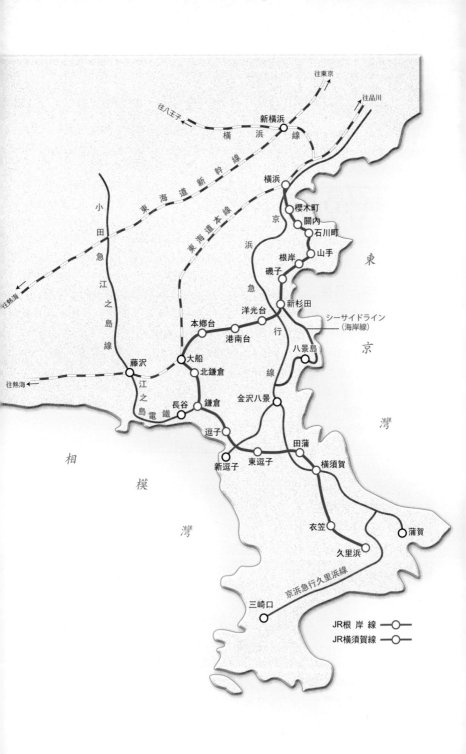

新横浜（しんよこはま，
Shin-Yokohama）

- 交通指引：
  1. 品川車站搭乘「JR 京浜東北線快速」電車→東神奈川，
     轉乘往八王子的「JR 横浜線」電車→新横浜（車資￥470，
     車程 33 分鐘）。
  2. 品川車站搭乘「JR 上野東京ライン」電車→横浜，轉乘
     往八王子的「JR 横浜線」電車→新横浜（車資￥470，車
     程 29 分鐘）。
- 推薦景點：新横浜拉麵博物館。

新横浜拉麵博物館

　　新横浜拉麵博物館於西元 1994 年設立，是日
本最早以拉麵為主題的美食館，館內設計成昭和
33 年（1958 年）的東京老街模樣，遊客進入後，
彷彿時光倒流，充滿懷舊氛圍。

　　除了拉麵相關知識的介紹，讓遊客體驗「拉
麵文化」之外，館方特別從世界各地網羅 9 家名
店在這裡設置分店，分別是：山形縣南陽的「龍
上海本店」、博多一風堂的法國分店「成美一風
堂」、從德國紅回日本的「無垢」、福岡市的「名
島亭」、宮城縣氣仙沼的「鷗食堂」（かもめ食
堂）、熊本市的「小紫」（こむらさき）、札幌

市的「紫羅蘭」（すみれ）、橫浜市的「支那蕎麥屋」（支那そばや），以及東京新高円寺的「第二代拳骨屋」（二代目げんこつ屋），讓遊客品嘗不同口味的特色拉麵，以大飽口福。

此外，這裡也有日式傳統雜貨店，販售古早味零食、飲料、玩具與雜貨等，相當有趣！

新横浜拉麵博物館
◎ 開館時間：11:00-22:00
◎ 休館日：全年無休
◎ 門票：全票（國中生以上）¥310，半票（小學生），敬老票（60歲以上）¥100。
◎ 交通：出車站後，按照車站前的地圖，往「新横浜ラーメン博物館」方向走，約5分鐘路程。
◎ 網址：www.raumen.co.jp

櫻木町（さくらぎちょう，Sakuragichou）

- 交通指引：
  1. 品川車站搭乘「JR京浜東北線快速」電車→櫻木町（車資￥390，車程31分鐘）。
  2. 品川車站搭乘「JR上野東京ライン」電車→橫浜（車資￥290，車程18分鐘），轉乘「港未來線」（みなとみらい線）電車→みなとみらい（港未來）（車資￥180，車程4分鐘）。
  3. 品川車站搭乘「JR上野東京ライン」電車→橫浜，使用「橫浜‧港未來一日券」搭乘「港未來線」電車→みなとみらい（港未來）。
- 推薦景點：橫浜地標塔、日本丸紀念公園、港未來海上碼頭。
- 遊樂園地：橫浜宇宙世界、橫浜市立野毛山動物園。

橫浜地標塔（橫浜ランドマークタワー）

横浜地標塔（The Landmark Tower）不但是橫浜地區的地標，也是日本最高的摩天大樓。這棟建築物高296公尺，地上有70層，地下有4層。位於69樓的展望室名為「空中花園」（スカイガーデン），是橫浜地區最高的展望室。

通往展望室的直達電梯分速可達750公尺，是世界上速度最快的直達電梯。從2樓搭乘直達電梯，約40秒就可以到達69樓的展望室。從展望室俯瞰整個橫浜地區，視野極佳；尤其在晚上時，萬家燈火把橫浜點綴得亮麗迷人，吸引許多遊客到此一覽。

橫浜地標塔集結了橫浜皇家公園飯店、辦公大樓、百貨
公司、料理餐廳及地下停車場等，設施相當完善。1-5 樓的中
庭採用迴廊式設計，充滿浪漫的氣氛，不但是主要的購物商
場，也是日本浪漫偶像劇拍攝的最佳場景。

Data

橫浜地標塔
◎ 營業時間：商場區 11:00-20:00，餐飲區 11:00-22:00，展望室
　10:00-21:00（周六延長至 22:00）。
◎ 公休日：全年無休
◎ 展望室門票：全票￥1,000，高中生、敬老票（65 歲以上）￥800，
　半票（國中、小）￥500，幼兒票（4 歲以上）￥200。
◎ 交通：
　1. 櫻木町車站出來後，再從東口往「橫浜地標塔」的電動步道走
　　就到了。
　2. 港未來車站 5 號出口往「橫浜地標塔」的方向走。
◎ 網址：www.yokohama-landmark.jp/page

日本丸紀念公園（日本丸メモリアルパーク）

　　日本丸紀念公園位於横浜地標塔旁的海邊，公園裡最著名的標的物就是「日本丸號」帆船，帆船後面就是「横浜港博物館」。

　　日本丸號帆船於昭和5年（1930年）建造，過去是往返於太平洋上的商船，由於船身與布帆都是白色的，又有「太平洋中的天鵝」美稱，現在則作為商船學校提供學生實習用的帆船，並開放遊客進入參觀。

　　横浜港博物館是一棟造型特殊，頗具藝術風味的建築物，也是最早以介紹横浜港為主題的博物館。展出的內容為横浜港的開發歷史、發展過程及未來展望等，遊客也可以到模擬艙實際操作，體驗海上駕船的感受。只要購買共通券，就可以到「日本丸號帆船」及「横浜港博物館」參觀。

　　夏季時，紀念公園裡也有提供遊海的服務，遊客可以和朋友或戀人一起踩著腳踏船在海上遨遊，享受悠閒的度假時光。

Data

日本丸號帆船、横浜港博物館
◎ 開館時間：10:00-17:00
◎ 休館日：周一（逢國定假日順延一天）、年底（12月29-31日），檢修休館日依網頁公告。
◎ 共通券：全票￥600，半票（國中、小）、敬老票（65歲以上）￥300。每逢周六，高中生（含）以下憑學生證免費參觀。
◎ 網址：www.nippon-maru.or.jp/memorial-park

横浜宇宙世界

　　横浜「宇宙世界」（コスモワールド）位於日本丸紀念公園旁，是橫浜港邊最炫的遊樂園，不但遊樂設施齊全，也附設游泳池、滑水道等，一年四季都適合親子同遊。

　　裡面最有名的「21世紀宇宙時鐘」摩天輪，直徑100公尺，高度112.5公尺，可同時搭載480人賞景，環繞一圈約15分鐘，是世界上最大的時鐘摩天輪，也是最受歡迎的遊樂項目。

　　此外，這裡還有全世界第一個入水型雲霄飛車「バニッシュ」號，從最高點俯衝而下，瞬間潛入水中再衝出水面，保證令人驚魂未定，大呼過癮！其他的遊樂設施，如：新幽靈堂、詛咒的手電筒、恐怖之館、幻鏡迷宮、超級行星、飛天鞦韆等，也都富有挑戰性，愛好刺激的遊客可以把握機會，試試自己的膽量。

横浜宇宙世界
◎ 營業時間：11:00-21:00，周末及國定假日 11:00-22:00，若有調整依網頁公告。
◎ 公休日：周四，若有調整依網頁公告。
◎ 門票：免入場券，不同遊樂設施分別購票。
◎ 交通：
　1. 櫻木町車站出來後，從東口步行約 12 分鐘。
　2. 港未來車站 5 號出口往「橫浜宇宙世界」，步行約 5 分鐘。
◎ 網址：cosmoworld.jp

港未來海上碼頭（ぷかり棧橋）

從「横浜宇宙世界」往「横浜臨港公園」方向走，就可以到達「港未來海上碼頭」。

碼頭上的候船室是一間「漂浮在海上的咖啡屋」，外觀是綠頂白壁的西洋式建築，頗有格調。1 樓除了可以讓遊客休息，等候船班之外，也可以品嘗香濃咖啡；2 樓則規劃為西餐廳。

遊客可以在此購票，搭乘遊艇到八景島海島樂園、山下公園或横浜車站等地；也可以單純到這裡一邊喝咖啡，一邊欣賞美麗的海濱風光。

Data

港未來海上碼頭
◎ 營業時間：09:00~21:00
◎ 公休日：全年無休
◎ 交通：
　　1. 櫻木町車站出來後，從東口步行約 18 分鐘。
　　2. 港未來車站 5 號出口，步行約 7 分鐘。

横浜市立野毛山動物園

　　横浜市立野毛山動物園於西元 1951 年設立，原名為「橫浜市立野毛山遊園地」，園內包含遊樂區，深獲橫浜市民的喜愛。西元 1964 年時，因在遊樂設施底下建造蓄水池而關閉遊樂區，所以改用免收門票的方式回饋市民。之後，園方將名稱改為更符合事實的「橫浜市立野毛山動物園」。

　　園內的動物有 90 幾種，總數約 1,500 多隻，如：獅子、老虎、長頸鹿、小貓熊、狒狒、孔雀、鴛鴦、日本雉雞、鱷龜等，應有盡有。園裡的「好朋友廣場」提供小朋友與天竺鼠、小白鼠、小雞等可愛的小動物互相接觸的體驗，是最受小朋友們喜愛的園地。園方希望藉由讓小朋友與動物接觸，了解生物的多樣性，感受生命的可貴，培養與周遭生物和諧相處的觀念，並學習如何解決地球的環境問題，頗具教育意義！

Data

橫浜市立野毛山動物園
◎ 開園時間：09:30-16:30
◎ 休園日：周一、新年期間（12 月 29 日至翌年 1 月 1 日）；但 5 月和 10 月無休。
◎ 門票：免費
◎ 交通：
　1. 櫻木町車站南口出來後，再從西口步行約 15 分鐘。
　2. 櫻木町車站前（8 號站牌）搭乘往「一本松小學校」的 89 號公車→「野毛山動物園前」下車，車資￥220；約 30 分鐘一班。
◎ 網址：www2.nogeyama-zoo.org

關內（かんない，Kannai）

- 交通指引：
  1. 品川車站搭乘「JR 京浜東北線快速」電車→關內（車資￥390，車程 34 分鐘）。
  2. 品川車站搭乘「JR 上野東京ライン」電車→橫浜（車資￥290，車程 18 分鐘），轉乘「港未來線」電車→馬車道（車資￥180，車程 5 分鐘）。
  3. 品川車站搭乘「JR上野東京ライン」電車→橫浜，使用「橫浜‧港未來一日券」搭乘「港未來線」電車→馬車道。
- 逛街購物：馬車道。
- 文化認識：神奈川縣立歷史博物館。

馬車道

　　橫浜於江戶時代開港後，許多外國人因貿易往來在這個區域居留，這裡的商店、街道與建築都充滿異國風味，當時的主要交通工具是西方人搭乘的馬車，因此這個區域便被稱為馬車道。

　　現在的馬車道是指，JR關內車站北口附近的「吉田橋」到港未來線「馬車道」車站 5 號出口的這段街道，仍然遺留許多代表性的歷史建築物。過去這裡是舶來品店的名街，現在則是充滿異國懷舊風味的商店街。

神奈川縣立歷史博物館

　　神奈川縣立歷史博物館建於明治 37 年（1904 年），原本是橫浜正金銀行的總行。建築物的外觀是仿效北方（德意志）文藝復興時期的風格，青銅鑄造的半圓形屋頂和花崗岩的外壁，顯得高貴典雅，現在已被日本政府列為古蹟。

　　館內的展出以神奈川縣的歷史文物資料為主，從史前時代到現代，共 5 個主題展示區，分別是：古代的相模人、鎌倉城與中世紀的人、近代的街道與平民文化、橫浜開港與現代化、當代的神奈川與傳統文化等，有圖書、史料、影片供遊客查閱，資料非常豐富；此外，也不定期舉辦各種特別展，有興趣的朋友可以去看看。

神奈川縣立歷史博物館
◎ 開館時間：09:30-17:00
◎ 休館日：周一、新年期間（12 月 28 日至翌年 1 月 4 日）、資料整理日，請參閱網頁公告。
◎ 門票：全票￥300，大學生￥200，高中生及 65 歲以上￥100，國中生以下免費。
◎ 交通：
　　1. 關內車站北口順著「馬車道」前進，走到「南仲通」即達，約 5 分鐘路程。
　　2. 馬車道車站 5 號出口，出來就到了。
◎ 網址：ch.kanagawa-museum.jp

日本大通り
(にほんおおどおり，Nihon-odori)

・ 交通指引：橫浜車站搭乘「港未來線」電車→日本大通り
　（車資￥210，車程7分鐘）。
・ 文化認識：橫浜開港資料館、絲綢博物館。

橫浜開港資料館

　　橫浜開港資料館設立於昭和56年（1981年），原址於昭和6~47年（1931~1972年）為英國駐日總領事館。這裡也是江戶時代（1854年）時，德川幕府與美國政府代表伯理司令簽訂《日米和親條約》的地方。由於這項條約的簽訂，打破了日本的「鎖國政策」，使日本得以迅速進入現代化，頗具歷史意義。

　　館內史料的展示都在新館的1、2樓，包含有：伯理艦隊來航、日本開國、橫浜開港等，資料非常豐富；此外，也不定期舉辦各項特展。舊館中央大廳過去是接待貴賓的地方，現在則改為遊客休息室。

　　館旁的廣場上立有「日米和親條約紀念碑」，記載條約簽定的過程。山下公園就在一旁，往海邊方向走約3分鐘就到了。

Data

橫浜開港資料館
◎ 開館時間：09:30~17:00
◎ 休館日：周一、新年期間、資料整理日。
◎ 門票：全票￥200，半票（國中、小）￥100；每逢周六，高中生（含）以下學生免費。
◎ 交通：從3號出口出來往右走，到十字路口往左過馬路，繼續往山下公園方向走，就可以看到位於左側的開港資料館，約3分鐘路程。
◎ 網址：www.kaikou.city.yokohama.jp

絲綢博物館（シルク博物館）

絲綢博物館於昭和 34 年（1959 年）開館，主要是為了紀念橫浜開港 100 周年，原址是橫浜開港時的英國商社怡和洋行商會。

橫浜開港後，外國貿易商船往來頻繁，在橫浜居留的外國商社越來越多，橫浜港的貿易量大增，日本生絲及絲織品的出口量也越來越大。明治 42 年（1909 年）時，日本的生絲出口超越了中國，成為全世界最大的生絲出口國。

館中展示的資料，包含如何養蠶取絲、絲織品的製作過程、日本生絲的輸出歷史、世界各國的絲綢服飾等，頗具知識性及趣味性。

Data

絲綢博物館
◎ 開館時間：09:00~16:30，暑假延長到 17:00。
◎ 休館日：周一、新年期間（12 月 28 日至翌年 1 月 4 日）、資料更新日。
◎ 門票：全票￥500，學生票（高中、大學生）￥200，半票（國中、小）￥100，敬老票（65 歲以上）￥300。
◎ 交通：橫浜開港資料館旁廣場的馬路對面大樓，入口處在往山下公園方向走的大樓轉角，約 1 分鐘就到了。
◎ 網址：www.silkmuseum.or.jp/main

石川町
(いしかわちょう，Isikawachou)

- 交通指引：
  1. 品川車站搭乘「JR京浜東北線快速」電車→石川町（車資￥470，車程36分鐘）。
  2. 品川車站搭乘「JR上野東京ライン」電車→横浜（車資￥290，車程18分鐘），轉乘「港未來線」電車→元町・中華街（車資￥210，車程8分鐘）。
  3. 品川車站搭乘「JR上野東京ライン」電車→横浜，使用「横浜・港未來一日券」搭乘「港未來線」電車→元町・中華街。
- 美食料理：横浜中華街。
- 觀光娛樂：横浜博覽館、横浜大世界。
- 休閒散步：山下公園・冰川丸號。
- 旅遊景點：横浜港燈塔、山手義大利山庭園。
- 主題展覽：横浜人形之家。

石川町車站北口

横浜中華街

　　横浜中華街是日本最有名的「中華街」，也是中國境外最大的「中華城」。

　　在中華街的區域內聚集了500多家中華料理店，以廣東料理、四川料理及北京料理為號召，吸引大量遊客到此觀光，同時品嘗美味的中華料理。近年來，由於臺式餐廳的開設，

使臺灣料理成為最受歡迎的美食之一。除了美食之外，每年農曆春節的慶祝活動也是中華街的一大盛事，張燈結綵、舞龍舞獅，繽紛熱鬧的氣氛吸引各國觀光客共襄盛會。

街中的「關帝廟」是旅日華人的信仰中心，最早建於西元1873年，在經歷了關東大地震、第二次世界大戰及火災肆虐之後，現在我們所看到的「關帝廟」是西元1990年8月14日整建完成。

媽祖廟則建於西元2006年3月17日，為奉祀媽祖而建，與關帝廟同為橫浜中華街的象徵。媽祖廟的廟堂設計成八角形，廟宇的雕刻與彩繪都是依照傳統媽祖廟而設計，相當富麗堂皇。

日本的物價頗高，中華街內所販售的食品也不便宜；不過，能買到燒肉粽、大肉包、肉燥米粉、新竹米粉等臺灣小吃，對於思鄉的遊子而言，還是頗能解解鄉愁。

> **Data**
>
> 橫浜中華街
> ◎ 交通：
> 1. 石川町車站北口順著「往中華街」的指標，步行約5分鐘就可以到達中華街的延平門（西門）。
> 2. 元町・中華街車站2號出口，往前步行約1分鐘就可以到達中華街的朝陽門（東門）。

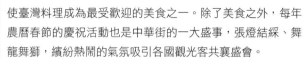

橫浜博覽館

　　橫浜博覽館是位於中華街內的購物商城，共有 3 層樓。1 樓為禮品區，販售各式各樣的橫浜特產、點心、紀念品，以及口味道地的中華小吃，如：燒賣、乾燒明蝦、鮮肉包等；不但可以現買現吃，也可以帶回家後再簡單烹調或作為送給親朋好友的伴手禮，深受遊客所喜愛。

　　位於 2 樓的「點心工廠」製作、販售日本著名的「BABY STAR 泡麵」及各種簡餐，遊客可以親眼看到泡麵的製作過程、品嘗現煮的泡麵，相當有趣！3 樓則為「花園咖啡」及「旅遊服務中心」，除了能讓遊客悠閒地品嘗咖啡、欣賞中華街熱鬧的景致之外，也免費提供一些橫浜旅遊的相關資料。

Data

橫浜博覽館
◎ 營業時間：09:30-21:30，周五、周六及國定假日前一天 09:30-22:00。
◎ 公休日：全年無休
◎ 網址：hakurankan.jp

橫浜大世界

　　橫浜大世界位於橫浜中華街，兼具觀光、購物、娛樂的
功能，是中華街內最大的觀光娛樂大樓。

　　橫浜大世界共有 8 層樓，1 樓是禮品區，販售各式各樣
的土產、點心、料理食材、紀念商品、兒童玩具等；2 樓設
有土耳其傳統療法「魚療區」，讓遊客體驗小魚去除腳部角
質的快感，還有變身照相館、算命館及腳底按摩館；3~8 樓
則規劃為遊樂區，有：特技藝術博物館、360 度空間繪畫、
幻象空間屋、3D 立體繪畫等，利用視差錯覺的原理讓參觀
者產生臨場感，頗具吸引力！

Data
橫浜大世界
◎ 營業時間：10:00~21:30（各樓層營業時間略有不同）
◎ 公休日：全年無休
◎ 門票：1-2 樓免費入場；3-8 樓全票￥1,500，學生票（國、高中生）
　　￥1,000，半票￥600，3 歲以下免費。
◎ 網址：www.daska.jp

山下公園‧冰川丸號

山下公園位於橫浜海邊，於昭和5年（1930年）設立，是日本最早的臨海公園。從中華街的朝陽門（東門）步行約3分鐘就到了。

山下公園景觀優雅、氣氛悠閒，是橫浜地區有名的休閒景點。每逢周末假日，公園裡處處可見親子同遊的溫馨畫面。到了傍晚，在夕陽餘暉的照映下，景色更是迷人，使這裡成為情侶約會的最佳場所！

每年的7月20日，為了紀念橫浜開港的「橫浜開港記念みなと祭‧国際花火大会」在這裡熱烈地舉行。晚上則有施放煙火的活動，共有7,000枚煙火在夜空中綻放出亮麗的光彩，吸引許多遊客到此處欣賞。

公園裡的碼頭上停泊一艘豪華郵輪「冰川丸」號。這艘郵輪於昭和5~35年間（1930~1960年）定期往返於日本及美國西雅圖，外觀與內部裝潢都相當豪華顯眼，又有「太平洋上的女王」美稱。

「冰川丸」號全長163.3公尺，重11,622噸，共有五層，可搭載331人，當時的造價為655萬日圓；若以現在的幣值計算，估計至少在120億日圓以上。

 Data

冰川丸號
◎ 開放時間：10:00~17:00
◎ 公休日：周一（逢國定假日順延一天）
◎ 參觀券：全票￥300，學生票（高中~小學生）￥100，敬老票（65歲以上）￥200。

横浜港燈塔 (マリンタワー)

　　横浜港燈塔就在山下公園旁，由於高聳入天，顯得相當醒目。

　　這座燈塔建於昭和 36 年（1961 年），高度 106 公尺，呈十角形，是世界上最高的燈塔。燈塔每隔 10 秒就會發射出紅色及綠色的燈光，指引橫浜港及東京灣上航行的船隻，以維護海上船隻的安全。

　　燈塔的展望臺為 2 層式，在 29、30 樓，遊客可以搭乘電梯到展望臺，以 360 度的角度向四方眺望，視野極佳，無論是橫浜港、東京灣、千葉房總半島或富士山等，都一一映入眼簾，令人心曠神怡！

優惠套票 (售票時間 10:00~16:00)

設施名稱	票價				
	全票	高中生	國中生	小學生	65 歲以上
橫浜港燈塔＋冰川丸號	￥900	￥550	￥550	￥300	￥750
橫浜港燈塔＋橫浜人形之家	￥900	￥700	￥550	￥350	￥850

Data

横浜港燈塔
◎ 開放時間：10:00~22:30
◎ 公休日：全年無休
◎ 門票：全票￥750，學生票￥500，半票￥250，幼兒票￥200，敬老票￥650，3 歲以下免費。
◎ 網址：marinetower.jp

横浜人形之家

　　横浜人形之家是以展示人形（玩偶、洋娃娃）為主題的展覽館。館內收藏的玩偶總數約有 13,000 多個，從全球 140 幾個國家蒐集而來。每次展出的玩偶約 3,500 個，不定期更換，是內容相當豐富的玩偶展覽館。

　　館中有些玩偶造型特殊或來源特別，不但是世上少數僅存，也具有歷史意義與價值，看過之後，令人回味無窮，對玩偶有興趣的朋友不妨去看看喔！

 Data

　　横浜人形之家
　◎ 開館時間：09:30~17:00
　◎ 休館日：周一及新年期間（12 月 29 日至翌年 1 月 1 日）
　◎ 門票：全票（高中生以上）￥400，半票（國中、小）￥200。
　◎ 交通：從「横浜港燈塔」到「横浜人形之家」，步行約 1 分鐘。
　◎ 網址：www.doll-museum.jp

石川町車站南口

山手義大利山庭園（山手イタリア山庭園）

　　這座充滿歐洲風味的庭園位於横浜中區山手町的山坡上。西元 1880~1886 年間，義大利領事館就在這裡，大家便稱呼這座山坡為「義大利山」；領事館所在的庭園，自然就成為「義大利山庭園」了。現在，園中最著名的兩棟建築物為「布拉夫 18 番館」（ブラフ 18 番館）和「外交官之家」。

　　「布拉夫 18 番館」建於大正末期，原為在横浜居留的外商住宅。二次大戰後，產權歸屬於横浜天主教會，成為天主教山手教會的司祭館。西元 1991 年，横浜市接受捐獻，將布拉夫 18 番館遷移到這裡重建。兩年後完工並開放遊客參觀，房屋外觀的法式屋頂與屋內的暖爐煙筒、灣窗、起落窗、百葉門和日光室等都與初建之時相同，展現出當時外國人的生活樣貌。

　　「外交官之家」則是明治時代日本外交官內田定槌的宅邸，建於西元 1910 年，原本位於東京涉谷地區，西

元 1997 年時被遷移至此。室內的陳設、櫥櫃、彩色玻璃、煤氣爐等都維護得相當完善，呈現出當時的外交官居家生活，也是日本重要的文化財產。

Data

山手義大利山庭園
◎ 開放時間：09:30~17:00
◎ 公休日：1. 布拉夫 18 番館：每月第二個周三、新年期間（12 月 29 日至翌年 1 月 3 日）。2. 外交官之家：每月第四個周三、新年期間（12 月 29 日至翌年 1 月 3 日）。
◎ 門票：免費
◎ 交通：石川町車站南口，步行約 5 分鐘。

八景島
(はっけいじま，Hakkeijima)

· 交通指引：
  1. 品川車站搭乘「JR 京浜東北線快速」電車→新杉田（車資￥550，車程 45 分鐘），轉乘「シーサイドライン」（海岸線）電車→八景島（車資￥310，車程 17 分鐘）。
  2. 品川車站搭乘「京急本線特快」電車→金沢八景（車資￥570，車程 36 分鐘），轉乘「シーサイドライン」（海岸線）電車→八景島（車資￥260，車程 6 分鐘）。
· 人氣樂園：八景島海島樂園。

八景島海島樂園 (シーパラダイス)

　　八景島海島樂園位於横浜灣的人工島上，面積約 4 公頃，是一座以海洋為主題的遊樂園。除了遊樂設施之外，園裡也規劃有水族館、美食廣場、商店街和各種服務設施，相當適合親子同遊或好朋友、情侶共度美好時光。

　　園內比較具有挑戰性的遊樂設施如下：

1. 波浪雲霄飛車：這項超刺激的設施軌道全長 1,271 公尺，突出海面 85 公尺，時速可達 75 公里，能讓遊客體驗飛騰在海天之間的震撼感，膽量夠大的人快去接受考驗吧！
2. 自由落體：從 107 公尺的高空中以重力加速度垂直落下，讓遊客經歷內心翻騰、死而復生的驚悸與刺激。想要嘗試戰勝高空、克服驚聲尖叫的恐懼感嗎？試試看就知道！
3. 海上騎士 II：坐在橡皮艇中，順著激流急速俯衝，頓時天旋地轉，分不清東南西北，親身體驗在漩渦中漂流的滋味。

4. 海盜船：傾斜度達 65 度的晃動船身，宛如在驚濤駭浪中搖晃，直到腸胃翻騰、欲吐不能，也搖到讓你五臟六腑大搬家！不信的話，來試試看！

此外，旋轉式瞭望臺、衝破浪關、彼得潘等，也都是相當受歡迎的遊樂項目。

值得一提的是，這裡有全日本數一數二的水族館「海族之館」。這座超大型的水族館共有 3 層，而且深入海底，館內約有 500 種不同的海中生物，如：鯨鯊、海象、企鵝、北極熊、海龜及各種魚類等，總數達 10 萬尾之多，置身館中，不但能體驗悠遊於魚群之間的感受，更能親眼目睹海底世界的美景。館內定時舉辦的水上特技表演、海豚秀、鯊魚餵食秀等更是遊客的最愛！

園內的「海豚夢幻館」讓遊客能近距離觀賞海豚、領航鯨等大型海中魚類；在「海洋莊園」中除了能觀察各種藻類、水母等浮游生物之外，也能體驗垂釣樂趣及現場烹調食用（須另外收費）；而「海洋親密館」則讓遊客與海豚、海獅、企鵝等接觸，深受小朋友們喜愛！

Data

八景島海島樂園
◎ 開園時間：09:00-19:30，周末假日 09:00-20:30，各設施營業時間依網頁公告。
◎ 休園日：全年無休
◎ 門票：免費，遊樂設施、水族館分別購票。
◎ 優惠券：
　1. 全園一日券（遊樂設施＋水族館）：全票（高中以上）￥5,050，學生票（國中、小）￥3,600，幼兒票（4 歲以上）￥2,050，敬老票（65 歲以上）￥3,600。
　2. 遊樂設施一日券：全票￥3,000，學生票￥2,650，幼兒票￥1,550，敬老票￥3,000。
　3. 水族館一日券（4 館通用）：全票￥3,000，學生票￥1,750，幼兒票￥850，敬老票￥2,450。
◎ 交通：從八景島車站往左邊方向，步行約 7 分鐘。
◎ 網址：www.seaparadise.co.jp

大船（おおふな，Ofuna）

- 交通指引：品川車站搭乘「JR上野東京ライン」電車→大船（車資¥640，車程35分鐘）。
- 推薦景點：大船觀音。

大船觀音

　　大船觀音全名為佛海山大船觀音寺，始建於昭和4年（1929年），建造的目的是為了安定民心，並祈求觀音菩薩庇佑日本國運昌隆。到了昭和9年（1934年）時，因經費短缺及戰火因素而暫停工事。二十多年之後，在高階瓏仙禪師的號召下繼續建造，終於在昭和35年（1960年）完成白衣觀音菩薩聖像。

　　這座觀音像高達25.39公尺，重1,915公噸，是一座全白的半身佛像。除了日本信眾之外，許多在日華人也會到這裡參拜，祈求觀音菩薩保佑身體健康、消災除厄、順利生產、孩子平安長大等。遊客也可以進入觀音像中參拜，裡面所奉祀的是按照二十分之一比例縮小的半身觀音聖像。

　　大船觀音
- ◎ 參拜時間：2月至10月09:00-17:00，11月至翌年1月09:00-16:30。
- ◎ 門票：全票¥300，半票（國中、小）¥100。
- ◎ 交通：從大船車站西口走過「大和橋」後，順著右前方的指標前進，約5分鐘路程。
- ◎ 網址：www.oofuna-kannon.or.jp

鎌倉地區

古都鎌倉

　　鎌倉位於東京近郊，鎌倉時代（1192～1333年）是日本第一個幕府時代，由於鎌倉曾經是日本的政治中心，因此古寺、神社特別多，且保有許多日本傳統的歷史文物與文化特色，呈現出古樸的風貌。

　　鎌倉時代受中國宋朝文化的影響，寺院的雕刻都傳承自中國宋朝時期的「堆朱雕刻」技術，進而發展成鎌倉最具有代表性的傳統工藝技術「鎌倉雕」。對日本歷史文物有興趣者，不妨到鎌倉一遊，體驗鎌倉的古都風情。

　　從東京地區搭乘 JR 電車到鎌倉，可以在池袋、新宿或大崎搭乘「湘南新宿ライン」電車，也可以在東京或品川搭乘「橫須賀線」電車；若搭乘「京浜東北線」、「上野東京ライン」或「東海道線」電車，則無法直達鎌倉，必須在大船轉車。這些電車的車資相同，但停靠的站數不同，所以車程時間也不同；以「京浜東北線」電車停靠的站數最多，車程時間也最久，不建議搭乘。除了「京浜東北線」之外，其他四種電車會在列車中間加掛兩節對號入座的「綠色車廂」，沒有購買座位票者切勿進入，以免被罰錢。

　　打算購買「鎌倉・江之島一日券」者，可以先搭乘電車到大船，再購買一日券，省下大船到鎌倉的車資。

鎌倉優惠車票

鎌倉‧江之島一日券 (鎌倉‧江ノ島パス)

　　使用「鎌倉‧江之島一日券」，可以在一天之內無限次搭乘鎌倉地區的 JR 電車、江之島電車和湘南モノレール（單軌）電車。除了 JR 電車限定範圍在「藤沢～大船～北鎌倉～鎌倉」之間外，其餘兩種可全線搭乘。每張車票的票價為全票 ¥700，半票 ¥350。

　　售票地點在 JR 大船、北鎌倉、鎌倉、藤沢車站的自動售票機，以及大船車站的綠色窗口（みどりの窓口）、藤沢車站的旅遊服務處（びゅうプラザ）。

　　利用自動售票機購票方式如下：1. 將錢幣投入「JR 乘車券」售票機中。2. 按下螢幕上的「おトクなきっぷ」（優惠車票）鈕。3. 用手指觸摸螢幕中的「鎌倉‧江ノ島パス」鈕，就可以買到車票了。

北鎌倉（きたかまくら，Kitakamakura）

- 交通指引：
  1. 品川車站搭乘往久里浜的「JR 橫須賀線」電車→北鎌倉（車資￥720，車程 46 分鐘）。
  2. 大崎車站搭乘往鎌倉的「JR 湘南新宿ライン」電車→北鎌倉（車資￥720，車程 43 分鐘）。
  3. 品川車站搭乘「JR 上野東京ライン」電車→大船，轉乘往久里浜的「JR 橫須賀線」電車→北鎌倉（車資￥720，車程 37 分鐘）。
  4. 品川車站搭乘「京急本線特快」電車→橫浜（車資￥300，車程 17 分鐘），轉乘「JR 橫須賀線」或「JR 湘南新宿ライン」電車→北鎌倉（車資￥310，車程 23 分鐘）。
- 古剎名寺：圓覺寺、東慶寺、淨智寺、明月院。

圓覺寺（円覺寺）

　　圓覺寺位於北鎌倉車站旁的山丘上，建於鎌倉時代弘安五年（1282 年），是臨濟宗圓覺寺派的總寺院。鎌倉幕府八代掌權北条時宗為了弔祭與蒙古軍作戰而死的士兵亡靈，並表達對其恩師無學祖元禪師的感念，建造了圓覺寺。

　　圓覺寺在鎌倉五大名剎中排名第二，占地廣達 6 萬平方公尺，境內隨處可見蒼鬱挺拔的古木，共有 18 座寺院分布其間，且大部分都是古蹟。圓覺寺也是日本最古老的中國式建

築，格局完全仿照中國宋朝禪寺的布局；散步其間，心中能感受到一股禪宗之理。境內的舍利殿是仿效中國唐朝的建築風格，也是日本最古老的唐風建築，殿裡所奉祀的佛牙舍利，乃是三代將軍源實朝派使者從中國的能仁寺恭迎而來。

此外，洪鐘是西元 1301 年時，九代掌權北条貞時為了祈求國泰民安所進奉，這件日本國寶也是鎌倉時代流傳至今最具有代表性的梵鐘。

Data

圓覺寺
◎ 參拜時間：3 月至 11 月 08:00~16:30，12 月至翌年 2 月 08:00~16:00。
◎ 門票：全票￥300，半票￥100。
◎ 交通：在北鎌倉下車後，沿著鐵軌旁的小路往前走，約 2 分鐘就到了，記得不要從車站出口出來。
◎ 網址：www.engakuji.or.jp

東慶寺

東慶寺原本是尼姑庵，創建於鎌倉時代弘安 8 年（1285 年），開創者為北条時宗的夫人覺山志道。

封建時代，女性沒有離婚的權力；如果婦女想離婚，必須躲進尼姑庵，當時稱為「縁切り寺」（切斷緣分之寺）。如果能在尼姑庵裡待滿三年，寺院就有權力幫該名婦女主持離婚，這種特別的習俗從鎌倉時代至明治時代持續了 600 年的歷史。

到了明治 4 年（1871 年），政府沒收寺院領地並廢止這種習俗，尼姑庵的歷史也在明治 35 年（1902 年）謝幕。

明治 38 年（1905 年）時，釋宗演禪師入寺住持後，將此寺改為禪寺。由於禪師德高望重，許多居士、哲學家、政治金融界人士都投到他的門下，因此設立「松岡文庫」，成為世界「禪」文化的發展據點。

Data

東慶寺
◎ 參拜時間：3 月至 10 月 08:30~17:00，11 月至翌年 2 月 08:30~16:00。
◎ 門票：全票￥200，半票（國中、小）￥100。
◎ 交通：車站出口往左，步行約 300 公尺就到了；也可以從圓覺寺前過平交道，然後往左走，很快就可以看到指標了。
◎ 網址：www.tokeiji.com/guide

淨智寺

　　淨智寺在鎌倉五大名剎中排名第四，建於鎌倉時代末期（1281 年），是臨濟宗圓覺寺派的寺院，當時是禪宗昌盛的時期。

　　鎌倉幕府八代掌權北条時宗為了弔慰英年早逝的弟弟宗政，與弟媳、姪子師時一起建造淨智寺。然而，南北朝時期（1356 年）的一場大火將大部分的建築物燒毀，西元 1923 年的關東大地震又震毀了整座寺院；現在我們所看到的三門、樓門、佛殿、禪房、客殿等都是按照當時的式樣重建而成。

　　在入口參道的石階旁有著名的鎌倉十井之一「甘露之井」，沿階而上，可以看到樓門正面上方掛著吊鐘。正殿佛堂中所奉祀的三尊佛像合稱為「三世佛坐像」，即阿彌陀佛、釋迦牟尼佛和彌勒佛，象徵過去、現在與未來之意。

　　淨智寺也是鎌倉地區著名的賞櫻名所，每年賞櫻期，許多人會到這裡欣賞櫻花、把酒言歡，藉此機會和親朋好友相聚，展現出日本人的文化風俗。

Data

　　淨智寺
　　◎ 參拜時間：09:00-16:30
　　◎ 門票：全票￥200，半票￥100。
　　◎ 交通：車站出口往左走，約 500 公尺可以看到往「淨智寺」的指標，依指標前進就到了，約 8 分鐘路程；也可以從圓覺寺前過平交道，然後往左走，再依指標前進就到了。

明月院

　　明月院是臨濟宗建長寺派的寺院，前身明月庵建於平安時代（1160年）。之後，明月庵曾兩度改建、更名為最明寺、禪興寺。

　　到了室町時代康曆2年（1380年），上杉憲方擴建禪興寺，並將明月庵改名為明月院，成為禪興寺的分寺。明治初年，禪興寺被廢寺，只留下明月院。明月院境內遍植繡球花（アジサイ），每年6月開花季節，滿園的繡球花，有紫色、黃色、粉紅色、粉藍色等，將明月院裝飾得姹紫嫣紅，非常漂亮，因此又有「繡球花之寺」的美稱。

　　除了明月院之外，鎌倉地區有「花之寺」美稱的名寺有宝戒寺（蘆草花之寺）、瑞泉寺（梅花之寺）、安養院（杜鵑花之寺）、光則寺（行道樹之寺）等；然而，唯獨明月院被形容為「花の寺では人気随一の明月院」（花之寺中，聲望第一的明月院），足見其受人喜愛的程度。

Data

　　明月院
　◎ 參拜時間：09:00-16:00，繡球花季（6月）08:30-17:00。
　◎ 門票：全票￥300；繡球花季全票￥500，半票￥300。
　◎ 交通：
　　1. 北鎌倉車站出口往左走，經過「淨智寺」後繼續前進，過平交道後往左走，第一條小路右轉進去就到了，約10分鐘路程。
　　2. 沿著北鎌倉車站鐵軌旁的小路前進，經過圓覺寺後繼續往前走，在平交道前的小路左轉進去就到了，約10分鐘路程。
　　3. 鎌倉車站東口2號巴士站牌，搭乘往大船的公車→明月院。下車後過馬路，從平交道旁的小路進去，第一條小路右轉前進就到了。

鎌倉
(かまくら，Kamakura)

- 交通指引：
  1. 品川車站搭乘往久里浜的「JR 橫須賀線」電車→鎌倉（車資￥720，車程 50 分鐘）。
  2. 大崎車站搭乘往鎌倉的「JR 湘南新宿ライン」電車→鎌倉（車資￥800，車程 46 分鐘）。
  3. 品川車站搭乘「JR 上野東京ライン」電車→大船，轉乘往久里浜的「JR 橫須賀線」電車→鎌倉（車資￥720，車程 39 分鐘）。
  4. 品川車站搭乘「京急本線特快」電車→橫浜（車資￥300，車程 17 分鐘），轉乘「JR 橫須賀線」或「JR 湘南新宿ライン」電車→鎌倉（車資￥340，車程 25 分鐘）。
- 逛街購物：小町通。
- 古剎名寺：鶴岡八幡宮、建長寺、淨妙寺、壽福寺。
- 文化認識：鎌倉雕會館。
- 旅遊景點：錢洗弁財天、源氏山公園。
- 祭典活動：雪洞祭、劍術比賽、馬術大賽。

鎌倉車站東口

小町通

鎌倉車站東口左前方馬路對面的「小町通り」是一條熱鬧的商店街，不論平時或假日，逛街的人潮總是不斷，這裡也是鎌倉車站附近最熱鬧的商圈。

　　小町通商店街全長約 500 公尺，兩旁上百家各式各樣的商店，無論是服裝店、鞋店、皮革製品店、小飾品店、咖啡館、藥妝店、拉麵店、壽司店、新鮮蔬果店等，都能滿足不同顧客的需求，也難怪這條商店街會成為遊客及附近居民的最愛。

　　在這些古意盎然的商店中，以古玩店、紙傘店及藝品店裡獨具特色的商品最能吸引遊客目光，並爭相購買。下次有機會到此一遊，不妨買些別具風味的紀念品吧！逛完小町通後向右轉，就可以走到鶴岡八幡宮。

鶴岡八幡宮

　　平安時代康平 6 年（1063 年），源賴義平定奧州的安部氏之後，在鎌倉的由比之浜興建鶴岡若宮，並將京都石清水八幡宮的「源氏守護神」請到宮內奉祀。到了治承 4 年（1180年），源賴朝進入鎌倉，將鶴岡若宮遷移至此。建久 2 年（1191年）時，鶴岡若宮毀於大火，源賴朝於重建若宮同時，在山腰處建造本宮，作為武士的守護神廟。同年，源賴朝消滅了平氏家族，討伐奧州藤原氏，平定全國 60 多州。翌年，受封為征夷大將軍，政治威望達到最高峰，並於鎌倉成立幕府，掌握軍政權力。

　　現在，鶴岡八幡宮不但是鎌倉的象徵，也是造訪鎌倉不可或缺的景點，許多與幕府相關的儀式和祭典都在這裡舉行；因此，沒到過鶴岡八幡宮就不算到過鎌倉。

　　位於鶴岡八幡宮入口處的石造鳥居，與日光「東照宮」及京都「八坂神社」的鳥居，並稱為「日本三大石造鳥居」。所謂鳥居（とりい），意謂日本神社的大門，一般都建在日本神社的入口處，建築式樣與中國的牌坊頗為相似。境內的「寶物殿」珍藏鎌倉時代的各種藝術作品及古文物，繪畫、工藝品、雕刻文物等應有盡有，頗值得參觀。

　　每年 8 月 6-9 日在這裡舉行的「雪洞祭」（ぼんぼりまつり）是最重要的秋祭。從若宮大路的「段葛」至「鶴岡八幡宮」沿途兩旁，掛滿 400 多個名人所繪的燈籠，在夜色中發出淡淡光芒，充滿秋天浪漫的氣氛。祭典第一天的「鑽茅輪」、第二天的「立秋祭」及第四天的「實朝祭」都是值得參觀的重頭戲。

另外，每年9月14~16日在這裡所舉行的「流鏑馬神事」，亦即「劍術比賽」與「馬術大賽」，也是相當重要的祭典活動，吸引大量遊客前來觀賞。

鶴岡八幡宮
◎ 境內開放時間：06:00~21:00，寶物殿 08:30~16:00
◎ 門票：免費；寶物殿全票￥200，半票￥100。
◎ 交通：
　　1. 車站東口正前方的馬路直走，到「若宮大路」後左轉前進，約15分鐘路程。
　　2. 車站東口左前方的「小町通」進去，走到底後右轉前進，約15分鐘路程。
　　3. 車站東口前 5 號公車站牌搭乘「鎌 23」、「鎌 24」或「鎌 36」公車→鶴岡八幡宮
◎ 網址：www.hachimangu.or.jp

鎌倉雕會館

　　鎌倉雕會館的設置以「活化鎌倉雕文化」為目的，除了傳統藝術作品的展示之外，也設有學習教室。

　　會館的 3、4 樓為工藝教室，2 樓為漆工教室和圖書室，1 樓則為作品展覽區、雕刻工具販賣部及鎌倉雕資料館；除了「鎌倉雕資料館」需購票入場之外，作品展覽區開放免費參觀。資料館中展出鎌倉傳統工藝品「鎌倉雕」，如：佛具、茶具、寺廟建築雕飾等，這些特殊的藝術品，也是鎌倉文化的代表與榮耀。

　　館內展覽的藝術品從室町時代到現代都有，總數約 100 多件，表現出大膽有力的雕琢技術與精巧細緻的上色技巧，讓人留下深刻的印象；透過影片的介紹，也讓遊客更了解鎌倉雕的製作過程。此外，館內還不定期舉辦各項企劃展。來到鎌倉，如果能到這裡看看，了解「鎌倉雕」的製作過程、技巧及雕飾所代表的意義之後，再前往各名寺古剎參觀，相信對鎌倉的歷史古蹟一定會有更進一步的認識！

Data

　　鎌倉雕資料館
　◎ 開館時間：09:30-17:00
　◎ 休館日：周一、新年期間、臨時休館，詳情依網頁公告。
　◎ 門票：全票￥300，學生票（國中生）￥200，半票（小學生）￥150。
　◎ 交通：車站東口正前方的馬路直走，到「若宮大路」後左轉前進，
　　　看到第一座大鳥居後再走 60 公尺，就在馬路右側，約 5 分鐘路程。
　◎ 網址：kamakuraborikaikan.jp

建長寺

建長寺全名為巨福山建長興國禪寺，在鎌倉五大名剎中排名第一，也是臨濟宗建長寺派的總寺院。

此寺於鎌倉時代建長五年（1253年），由五代掌權北条時賴聘請中國宋朝的高僧蘭溪道隆禪師興建而成，是日本最早的禪寺。寺院的大門、三門、佛殿、法堂等7座主要的建築物排列在中軸直線上，為典型的中國禪宗建築格局，另有49座小寺院散布其間，呈現出大陸性的莊嚴布局。之後於14、15世紀期間發生數次大火，燒毀大部分的建築物。到了江戶時代，澤庵和尚向幕府建議後重新整建，確立了今天的規模。境內的佛殿、唐門、方丈庭園、梵鐘等，都是日本的國寶。

建長寺也是日本秋季賞楓的最佳景點之一，站在最高處向遠方的相模灣眺望，景色迷人，令人心曠神怡！

Data

建長寺
◎ 參拜時間：08:30-16:30
◎ 門票：全票￥300，半票￥100。
◎ 交通：
　1. 北鎌倉車站出口往左走，途經「東慶寺」、「淨智寺」，過平交道後繼續前進就到了，約20分鐘路程。
　2. 鎌倉車站東口左前方的「小町通」進去，走到底後過馬路繼續往前直走，穿過隧道後就到了，約30分鐘路程。
　3. 鎌倉車站東口前2號公車站牌搭乘往「上大岡駅」、「大船駅」或「本鄉台駅」公車→建長寺。
◎ 網址：www.kenchoji.com

淨妙寺

　　淨妙寺在鎌倉五大名剎中排名第五，是臨濟宗建長寺派的寺院，正殿奉祀的是釋迦如來佛。

　　淨妙寺原名極樂寺，建於平安時代文治 4 年（1188 年），由源賴朝的忠臣足利義兼所建，開山住持是密教真言宗的退耕行勇高僧。源賴朝與其妻北条政子、其子實朝都皈依於退耕行勇高僧門下。

　　到了鎌倉時代正嘉元年（1257 年），月峰了然禪師成為住持後，將此寺改為禪寺，成為臨濟宗的寺院。因為這裡是足利貞氏的中興之地，貞氏死後便葬於此。由於足利貞氏的法名為「淨妙寺殿義觀」，大家便稱呼此寺為淨妙寺，可見足利家族掌權時是淨妙寺最昌盛的時期。後來因大火燒毀而逐漸衰退，如今只殘留山門、本堂、喜泉庵、收藏庫等建築物。

　　本堂後方的石窯花園咖啡廳是一棟有 90 年歷史的西式建築，提供遊客品嘗石窯燒烤麵包及西餐的服務。遊客可以坐在花園裡，一邊欣賞綻放的美麗花朵，一邊喝咖啡、品嘗美食，也可以看麵包坊裡師傅製作麵包的情形。

Data

　　淨妙寺
◎ 參拜時間：09:00-16:30
◎ 門票：全票￥100，半票￥50。
◎ 交通：鎌倉車站東口前 5 號公車站牌搭乘「鎌 23」、「鎌 24」
　　或「鎌 36」公車→淨明寺，下車後再步行約 5 分鐘。

鎌倉車站西口

錢洗弁財天

　　錢洗弁財天全名為「錢洗弁財天宇賀福神社」。據說，只要用神社裡的水把錢沖洗之後，再將洗過的錢拿去投資做生意，就能賺回 10 ～ 100 倍的利潤；因此，許多生意人都會特別帶錢到這裡洗一洗，祈求生意興隆、財源廣進。

　　至於神社的起源，相傳於平安時代末期，鎌倉地區不斷發生災害，致使民不聊生，百姓痛苦不堪；源賴朝便在此地祭祀，祈求上蒼能解除災難。之後，於文治元年（1185 年，乙巳年）巳月巳日巳時，源賴朝在夢中見到宇賀福神告訴他：「用此地湧出的水供養神佛，就能消除一切災厄。」因此，源賴朝便在這裡建造神社奉祀宇賀福神。此後，世間的混亂果然平息了。

　　慢慢地，開始出現「用此地的神水洗過的錢投資就能賺回數倍利潤」的傳說，大家便爭相前來「洗錢」。許多人會特別挑選巳日到此參拜洗錢，據說特別靈驗。不過，必須先點蠟燭和香，在境內的上之水神社、下之水神社、七福神社參拜後，再去洗錢，才有效果喔！

> **Data**
>
> 錢洗弁財天
> ◎ 開放時間：08:00-17:00
> ◎ 門票：免費
> ◎ 交通：鎌倉車站西口向前直走，過紅綠燈後再往前走，穿過隧道後繼續前進，到「佐助一丁目」十字路口就有指標，按照指標右轉前進，順著步道慢慢上坡就到了，約 30 分鐘路程。

源氏山公園

　　源氏山公園於昭和 40 年（1965 年）設立，標高 92.6 公尺，不但是鎌倉地區知名的賞櫻名所，也是假日健行運動的好去處。

　　至於公園名稱的由來，當然與源氏家族有密切的關係。平安時代永承 6 年（1051 年）時，源賴義為討伐陸奧的安倍賴時而出征。出發前，在此地立起白幡，祭祀石清水八幡宮的「源氏守護神」，祈求能戰勝敵軍。其後代子孫源賴朝於出兵追討平氏家族前，也效法先人在山上祭祀，祈求討伐成功，果然消滅平氏之亂。

　　公園中除了有一座高約 2 公尺的源賴朝銅像之外，其他的公共設施，如：遊園步道、草坪廣場、石桌、石凳、飲水設備、洗手間等也很齊全。

每逢周末，有些人會攜家帶眷或找好朋友一起在草坪廣場上野餐，享受悠閒的假日時光。

> **Data**
> 源氏山公園
> ◎ 交通：從錢洗弁財天步行到源氏山公園，約 3 分鐘路程。

壽福寺

　　壽福寺建於鎌倉時代正治 2 年（1200 年），在鎌倉五大名剎中排名第三。相傳是幕府將軍源賴朝死後，其妻北条政子為弔慰亡夫英靈，聘請日本禪宗始祖明庵榮西建造而成，正殿奉祀寶冠釋迦如來佛。

　　此地位於源氏山的背山處，為源氏祖傳之地，改建前是源賴朝之父源義朝的宅邸。壽福寺的建築手法與九州博多的「聖福寺」相同，都採用中國宋朝禪寺的建築式樣，呈現出古典風味，又因寺院隱立於樹林間，散發出一股恬淡幽靜的氣息，頗富禪機。

　　位於佛殿後方有一片墓地，源賴朝之子源實朝、妻北条政子的墓也在那裡。

> **Data**
> 壽福寺
> ◎ 參拜時間：內部不對外開放。
> ◎ 交通：鎌倉車站西口向前直走，過紅綠燈後右轉前進，沿途會有指標，約 15 分鐘路程。

由比ヶ浜
(ゆいがはま，Yuigahama)

・交通指引：品川車站搭乘「JR 橫須賀線」電車→鎌倉（車資￥720，車程 50 分鐘），轉乘「江ノ島電鐵」→由比ヶ浜（車資￥190，車程 3 分鐘）。
・文學散步：鎌倉文學館。

鎌倉文學館

　　鎌倉文學館位於由比海濱，三面環山、一面向海，庭園廣闊，景色迷人。這裡原本是加賀藩主前田利家後代子孫的別墅，昭和 60 年（1985 年）時改為文學館。

　　這棟三層樓的建築融合了西式與日式風格；外觀是半六角形的外突窗，半圓形的欄杆，再配上典型的日式屋簷，成為近代鎌倉地區別墅建築的特色。

　　館中展出日本近代著名文人的著作、手稿及愛用品等，包括作家、文學家、詩人、小說家或評論家，如：芥川龍之介、夏目漱石、与謝野晶子、川端康成、小林秀雄、高見順、島木健作等，共有三百多人的資料；此外，也不定期舉辦各種藝術相關的特展。

　　館外的玫瑰園也是著名的觀光景點，館方從美國、荷蘭等各國引進新的玫瑰品種，每年 5 月中旬至 6 月、10 月中旬至 11 月兩次的開花期，也成為遊客欣賞的焦點。

Data

鎌倉文學館

◎ 開館時間：3 月至 9 月 09:00-17:00，10 月至翌年 2 月 09:00-16:30。

◎ 休館日：周一、新年期間（12 月 29 日至翌年 1 月 3 日）、更換展示品期間，詳情請參閱網頁公告。

◎ 門票：全票 ¥300-400，半票（國中、小）¥100-200，依展出內容而定。

◎ 交通：

  1. 從「由比ヶ浜」車站，步行約 7 分鐘。

  2. 鎌倉車站東口前 1 號公車站牌搭乘往「藤沢、大佛」的公車→海岸通り，再步行約 3 分鐘。

◎ 網址：www.kamakurabungaku.com

長谷 (はせ，Hase)

· 交通指引：品川車站搭乘「JR 橫須賀線」電車→鎌倉
（車資￥720，車程 50 分鐘），轉乘「江ノ島電鐵」
→長谷（車資￥190，車程 5 分鐘）。
· 古剎名寺：高德院 · 鎌倉大佛、長谷寺。

高德院 · 鎌倉大佛

　　高德院是鎌倉地區相當有名的寺院，廣場上的「鎌倉大佛」僅次於東大寺「奈良大佛」，是日本第二大佛像。

　　鎌倉時代，淨光和尚為建造大佛四處奔走募款，於曆仁元年（1238 年）開始雕製大佛，三代掌權者北条泰時也捐款助造。寬元元年（1243 年），木造的鎌倉大佛完成，並安座於佛殿中。宝治元年（1247 年）時，大佛遭受暴風雨的侵襲而倒塌，因此便改用青銅鑄造大佛。

　　到了戰國時代明應 4 年（1495 年）時，佛殿被大海嘯沖走，從此以後，大佛在露天中經歷500 多年來的風雨摧殘而不毀。

　　鎌倉大佛含座臺高 13.35 公尺，青銅佛身11.31 公尺，重達 121 公噸。來到大佛前，讓人感受一股肅穆祥和的氣氛，遊客也可以進入佛像的內部參拜。

Data

鎌倉大佛
- ◎ 參拜時間：4 月至 9 月 08:00-17:30，10 月至翌年 3 月 08:00-17:00；
  佛像內部參拜時間 08:00-16:30。
- ◎ 門票：全票￥200，半票￥150；佛像內部參拜券￥20。
- ◎ 交通：出長谷車站後，順著「長谷通り」直走，約 15 分鐘就到了。
- ◎ 網址：www.kotoku-in.jp

長谷寺（長谷觀音）

　　長谷寺建於奈良時代天平 8 年（736 年），觀音堂中所奉祀的「十一面觀世音菩薩」高 9.18 公尺，是日本最大的木造觀音佛像。所謂「十一面觀音」是指佛像頭上又有十一個佛面，前、左、右各有三面，後方及頭頂各有一面，每個佛面表情與面向都不相同；因此可以聽到天下眾生的祈願，以顯神威解救蒼生。

　　此外，長谷觀音與一般觀音像最大的不同在於「右手持錫杖，左手朝前握蓮花瓶」，顯示出長谷觀音兼具「地藏菩薩」及「觀音菩薩」的神力，這也是長谷寺派的觀音像特有的造型。室町時代康永元年（1342 年）時，一代將軍足利尊氏為佛像加上金箔；明德 3 年（1392 年），三代將軍足利義滿在佛像身後加上光圈，成為現在遊客所見到的樣子。

　　經藏（藏經閣）中有一座迴轉式經書架，寺中重要的經典都放在這裡。據說，只要依順時針方向將它推轉一圈，就如同讀過所有的經書一般，能獲得很大的功德；這種投機取巧的方式，相傳是中國魏晉南北朝時，南朝梁（502～557 年）的學者傅大士所提出。

　　長谷寺位於半山腰，從「潮音亭」眺望由比海濱視野極佳，令人心曠神怡！

Data

長谷寺
◎ 參拜時間：3 月至 9 月 08:00-17:00，10 月至翌年 2 月 08:00-16:30。
◎ 門票：全票￥300，半票￥100。
◎ 交通：從長谷車站出來後，順著「長谷通り」左側直走，看到「長谷觀音」的指標後左轉進去，約 10 分鐘路程。
◎ 網址：www.hasedera.jp

輪　蔵
（まわりぞう）

輪蔵中国梁時代傅大士の学者
傅大士の発明によるもので蔵内は
一切経を納めてあり、時計回りに一回
まわすと一切経を一通り読んだのと同じ
功徳があると云い伝えられております。

長谷寺

箱根溫泉　箱根優惠車票　箱根周遊　箱根湯本　宮ノ下　彫刻の森　強羅
大涌谷　箱根町　箱根溫泉民宿　伊東溫泉　伊東優惠車票　伊東　伊東溫
泉民宿

溫泉體驗

箱根溫泉

　　箱根是日本著名的觀光溫泉區，位於神奈川縣西南部，靠近靜岡縣邊界，是火山噴發後所形成的窪地。

　　自古以來，箱根就是東海道上的重要關口，由於地勢關係，又有「天下之險要」之稱。江戶幕府曾於此地設置宿驛（官方旅館）和關所（檢查站），以便監控各諸侯及商賈間的往來情形。

　　由於擁有豐沛的溫泉，現在的箱根以發展溫泉療養及觀光旅遊為主，其中的大湧谷、蘆之湖都是著名的旅遊景點。

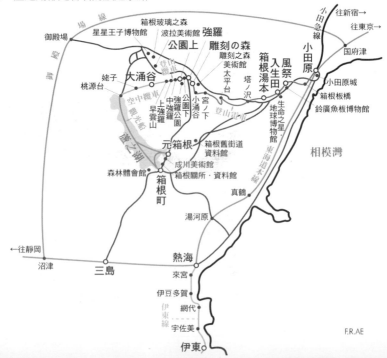

箱根優惠車票

箱根周遊券（箱根フリーパス）

箱根周遊券是暢遊箱根地區最適當且便宜的優惠車票。一般情況之下，從新宿到箱根玩一趟，搭乘電車、登山纜車、空中纜車、觀光船、巴士，再搭乘電車回新宿，全部車資共需￥6,530。而箱根周遊券2日券全票只需￥5,140，半票￥1,500；3日券全票也只需￥5,640，半票￥1,750，真是物超所值！

箱根周遊券的使用說明如下：1. 新宿車站～小田原車站間的小田急電鐵往返電車各一趟。2. 自小田原車站起即為不限次數搭乘範圍，可搭乘的車種有8種：箱根登山電車、箱根登山纜車、箱根空中纜車、箱根觀光船、箱根登山巴士、觀光設施巡迴巴士、沼津登山東海巴士、小田急箱根高速巴士。

此外，沿途地區的博物館、美術館、遊樂場、溫泉館、餐飲店或購物等設施，只要出示這種車票，就享打折或免費的優惠，非常划算！

售票地點在新宿車站西口的小田急櫃檯、小田原車站、小田急電鐵和箱根登山鐵道各大車站，以及箱根登山巴士服務處，購票時記得索取使用手冊。

箱根周遊

　　到箱根周遊一趟，至少須換乘6種交通工具。沿途利用不同的交通工具，欣賞箱根溫泉的美景與富士山、蘆之湖的湖光山色，正是到箱根旅遊最大的樂趣及享受！兩天一夜參考行程如下：

1. 第一天從新宿車站搭乘小田急電鐵「小田原線」電車→箱根湯本。也可以在小田原下車，到小田原城天守閣參觀後，再搭乘電車到箱根湯本。

2. 箱根湯本轉乘「箱根登山電車」→強羅。這是日本國內唯一的山岳鐵道，由於坡度太大，鐵道利用Z字形迴轉方式上山；除了可以體驗特殊的行車方式之外，運氣好的話還可以在途中看到野兔、野狸、松鼠及野豬等野生動物。晚上住在強羅的溫泉民宿，並於晚餐後搭電車回到「宮ノ下」夜賞繡球花；須注意電車時刻。

3. 第二天在強羅（或公園下）搭乘「箱根登山纜車」（登山ケーブルカー）→早雲山。

4. 早雲山轉乘「箱根空中纜車」（ロープウェー）→大涌谷。空中纜車全長4,035公尺，單程時間25分鐘。大涌谷標高1,044公尺，是全線最高處，以地熱聞名，可以在此拍照、購買溫泉蛋。然後再搭乘空中纜車到桃源台，沿途俯瞰大涌谷地熱的裊裊噴煙、富士山的雄偉及蘆之湖的倩影！須注意空中纜車營運時間，一般季節09:00~17:30，冬季09:30~16:00。

5. 桃源台搭乘「箱根觀光船」→箱根町。從箱根町沿蘆之湖散步→箱根關所．資料館→恩賜箱根公園→杉並木之道→成川美術館→元箱根。箱根觀光船是仿造17世紀的海盜船所設計，共有三艘：南歐皇家太陽號、北歐雄獅瓦薩王號、勝利號。須注意觀光船營運時間，一般季節09:30~17:00，冬季10:00~16:00。

6. 元箱根搭乘「箱根登山巴士」→箱根湯本，轉乘「小田急電鐵」電車→新宿。

箱根登山鉄道 箱根湯本駅

まんじゅう　梅干し

箱根湯本
（はこねーゆもと，Hakone-yumoto）

· 交通指引：新宿車站搭乘小田急電鐵「小田原線」電車→
小田原→箱根湯本（使用箱根周遊券）。
· 主題展覽館：箱根町立鄉土資料館。

箱根町立鄉土資料館

　　鄉土資料館是以展示箱根溫泉的歷史文物為主，讓遊客
了解箱根溫泉的演變過程。

　　在江戶時代，箱根地區只有七個溫泉場，當時的溫泉稱為
「療養溫泉」，主要是作為疾病療養和治療傷患的用途。後來，
被文人墨客發現後，溫泉區裡的自然美景、神社寺院和歷史遺
跡吸引許多遊客前來，使箱根發展成溫泉旅遊的觀光勝地。

　　到了明治時代，由於箱根十七湯的開發，道路交通建設、
大眾運輸工具、發電廠等基礎設施也迅速完成。此時，外國
觀光客聞風而來，提供外國人投宿的別墅出現，旅遊型態也
多樣化；再加上溫泉利用技術的進步，區內各地不斷開發出
新的溫泉。

　　鄉土資料館主要就是在介
紹這段歷史及文物，展出的資
料分為：箱根七湯的成立、箱
根溫泉療養場、邁向溫泉觀光
地、箱根的近代化、新溫泉的
開發、外國人的休閒勝地、箱
根十七湯等主題，讓遊客能更
進一步認識箱根溫泉。

 Data

箱根町立鄉土資料館
◎ 開館時間：09:00-16:30
◎ 休館日：周三、每月最後一個周一、新年期間（12月28日至
　 1月4日），更換展示品休館請參閱網頁公告。暑假期間無休。
◎ 門票：全票￥200，半票（國中、小）￥100；周六、周日及國
　 定假日國中生以下免費。出示「箱根周遊券」享打折優惠。
◎ 交通：從箱根湯本車站步行約5分鐘。
◎ 網址：www.town.hakone.kanagawa.jp/hakone_j/ka/shougai/hlm

宮ノ下
（みやのした，Miyanoshita）

· 交通指引：
　1. 箱根湯本搭乘「箱根登山電車」→宮ノ下。
　2. 強羅搭乘「箱根登山電車」→宮ノ下。
· 仲夏賞花樂：夜賞繡球花。

夜賞繡球花

　　每年 6 月下旬至 7 月中旬，到箱根地區旅遊，另一項有趣的活動就是「夜賞繡球花」。

　　在這段期間，從箱根湯本到強羅沿線鐵道兩旁的繡球花（アジサイ）盛開，尤其是在「宮ノ下」到「強羅」間這段地區，更是欣賞繡球花的最佳場所。據說，這些繡球花都是鐵路員工親手栽植的，大約有 1 萬多株。每年花期一到，鐵道兩旁萬花齊開，坐在行駛中的電車內賞花，成為這裡的一項特色。

　　晚上，繡球花在燈光的照射下，展現出另一番風味。鐵路公司也會增設「繡球花號列車」（あじさい号）載客沿途賞花，並會在宮ノ下車站停留數分鐘，讓遊客下車拍照留念。

彫刻の森
（ちょこくのもり，Chokokunomori）

・交通指引：箱根湯本搭乘「箱根登山電車」→宮ノ下→彫
　刻の森→強羅。
・主題美術館：彫刻の森美術館。

彫刻の森美術館

　　彫刻の森美術館是日本最早的戶外美術館，也是一座戶
外式的雕塑作品展覽館。在廣大的綠色園區裡，展示羅丹、
米羅、亨利摩爾、岡本太郎、後藤良二……等 20 世紀著名
藝術家的雕塑作品 200 多件，呈現出自然與藝術融合為一的
境界。走在園區裡，隨時隨地都能看到、感受到藝術的氣息；
因此，這裡不但是一座天然的美術館，也兼具了休閒散步的
功能。

　　園區內的「畢卡索館」（ピカソ館）收集不少畢卡索的
相關資料及其繪畫作品，對繪畫藝術有興趣的朋友，不妨去
看看。此外，園內的展覽廳也會不定期舉辦各項特展。

Data

彫刻の森美術館
◎ 開館時間：09:00-17:00
◎ 休館日：全年無休
◎ 門票：全票￥1,600，學生票（大學、高中生）￥1,200，半票（國中、小）
　￥800。
◎ 交通：從彫刻の森車站步行約 2 分鐘。
◎ 網址：www.hakone-oam.or.jp

強羅（ごら，Gora）

・交通指引：箱根湯本搭乘「箱根登山電車」→宮ノ下→彫刻の森→強羅。
・旅遊景點：強羅公園。

強羅公園

　　強羅公園是日本唯一的法式庭園，總面積 36,400 平方公尺，庭園的設計是以噴水池為中心，左右對稱來規劃造景。

　　在正門入口右側的「九重葛館」中，除了有展現南國風情的九重葛（ブーゲンビレア）和扶桑花（ハイビスカス）之外，還有許多顏色鮮豔、隨不同季節開花的珍奇花朵，展現出熱情的南國風情。最特別的是，裡面有一盆日本最古老的九重葛盆栽，樹齡約 120 年，樹幹直徑 30 公分，相當罕見！

　　而在「熱帶植物館」裡，用瀑布造景製造流水聲，讓人感受強烈的熱帶氣氛。其中的「熱帶香草館」是日本第一座熱帶香草溫室，栽植約 70 種熱帶香草植物。館內還有一座中世紀義大利製的大理石噴泉，極具古董價值！

　　在「玫瑰園」中，約有 140 種，總數 1,000 株的玫瑰花。每當開花時期，繽紛豔麗的花朵帶來浪漫的氣氛。

　　此外，園區內遍植櫻花、繡球花、杜鵑花、牡丹花等植物，使這裡成為四季皆能賞花的美麗花園。逛累了還能到「白雲洞茶苑」歇歇腳，飲一杯抹茶，感受一下日式滋味！

Data

強羅公園
◎ 開園時間：09:00~17:00
◎ 休園日：全年無休
◎ 門票：全票￥550，小學生以下免費。出示「箱根周遊券」免費入園。
◎ 交通：
　　1. 從強羅車站步行約 5 分鐘。
　　2. 從公園上車站步行約 1 分鐘。
◎ 網址：www.hakone-tozan.co.jp/gorapark

大涌谷
（おおわくだに，Owakudani）

- 交通指引：強羅搭乘「箱根登山纜車」（登山ケーブルカー）
  →早雲山，轉乘「箱根空中纜車」（ロープウェー）→大
  涌谷。
- 旅遊景點：大涌谷溫泉地熱。

大涌谷溫泉地熱

  箱根火山群於 3,000 多年前爆發後，至今火山口地區仍
不斷冒出硫磺地熱蒸氣，形成今日的景觀。自古以來，這裡
就被稱為「大地獄」；直到明治 6 年（1873 年）時，明治天
皇夫婦到這裡度假後，才改名為「大涌谷」。

  大涌谷西北側的岩壁稱為「閻魔台」（えんまだい），
從岩壁中不斷冒出濃烈臭味的硫磺蒸氣，壁上也可以看到硫
磺所形成的結晶；而東南側的窪地則稱為「地獄澤」，形成
溫度極高的溫泉地熱。

  這裡的商店都在販售「黑玉子」（黑タマゴ），算是此
處的一項特產。商家把蛋放在泥漿中，利用泥漿的地熱將蛋
煮熟。由於泥漿中含有硫化鐵的成分，因此煮出來的蛋就變
成黑色。其實，撥開蛋殼一看，裡面的雞蛋與一般水煮蛋相
同，是白色的。

  據商家說，吃「黑玉子」可以延年益壽，吃 1 顆延長 7
年壽命，吃 2 顆延長 14 年……至於是否是生意人的商業噱
頭，就靠自己斟酌囉！

箱根町
（はこねまち，Hakonemachi）

・ 交通指引：大涌谷搭乘「箱根空中纜車」（ロープウェー）
　→桃源台，轉乘「箱根觀光船」→箱根町。
・ 歷史遺跡：箱根關所・資料館。
・ 休閒散步：恩賜箱根公園、杉並木之道。
・ 美術欣賞：成川美術館。

湖濱散步

　　從箱根町到元箱根之間，沿途不但有歷史遺跡，景色也
很迷人，建議讀者採用散步的方式，好好地瀏覽這一段風光。
這段路程並不長，走起來輕鬆愉快，散步路線為：箱根町→
箱根關所・資料館→恩賜箱根公園→杉並木之道→成川美術
館→元箱根。

　　到了元箱根之後，依照自己的行程規劃搭乘巴士前往下
一站目的地，或是搭乘「箱根登山巴士」到箱根湯本，再搭
乘「小田急電鐵」電車回新宿。

箱根關所・資料館

　　江戶時代，德川幕府為了防止各個大名（諸侯）謀反，
便於各重要驛站設置「關所」（檢查站），以便監控諸侯的
遷移和武器的運送。

　　西元 1619 年時，二代將軍德川秀忠在箱根設置了這座
關所，作為往來於蘆之湖的官員、商賈行人及物品的檢查站，
尤其對於入關的鐵砲和出關的女性更是嚴格控管。在箱根關

所裡，可以看到當時的內部隔間及設施，包括廚房及廚具、宿舍和寢具、監控的設備，以及接待官員的大廳等。

　　參觀完關所之後，順著步道再步行約 3 分鐘，就可以到達資料館。資料館裡展示當時使用的通行證、記錄的資料簿、文件、武器，以及處罰犯人的刑具等。有些行刑的照片及刑具的說明相當寫實殘忍，令人毛骨悚然！但儘管如此，卻也讓人對江戶時期的嚴密控制及檢查關卡有了更進一步的認識。

 Data

　　箱根關所・資料館
　◎ 開館時間：3 月至 11 月 09:00-17:00，12 月至翌年 2 月 09:00-16:30。
　◎ 休館日：全年無休
　◎ 門票：全票￥500，半票￥250；出示箱根周遊券者全票￥400，半票￥150。周六、周日及國定假日，國中生以下免費。
　◎ 交通：
　　1. 從箱根町順著散步路線，步行約 5 分鐘。
　　2. 在箱根地區搭乘經「箱根關所」的箱根登山巴士→「關所跡入口」下車，再步行約 2 分鐘。
　◎ 網址：www.hakonesekisyo.jp

恩賜箱根公園

　　恩賜箱根公園位於蘆之湖突出的半島「塔之島」上，面積廣達 15.9 公頃，周圍有駒之岳、外輪山及富士山聳立，景色優美迷人。

　　這裡原本是日本皇族避暑與接待外賓的箱根離宮，原來的建築物分為西洋館和日本館兩棟；不過，日本館因遭逢大正 12 年的關東大地震、昭和 5 年的北伊豆地震而震毀。

　　日本皇室於昭和 21 年將離宮遺跡賜給神奈川縣政府，縣政府整建後於同年 5月 5 日定名為「恩賜箱根公園」，並開放給一般大眾使用。之後經過兩次大規模整建，呈現出現在的樣貌，園區裡規劃有湖畔展望館、中央廣場、二百階梯、蘆川橋、塔之鼻廣場、散步道、弁天鼻廣場等。園內廣栽櫻花、八仙花、鳥爪槭等植物，展現出四季變化的趣味。

　　位於中央廣場的兩層樓西洋式建築「湖畔展望館」，外貌為白色花崗岩，內部則展示箱根離宮的相關資料及休息室。站在 2 樓的陽臺眺望蘆之湖，景色秀麗迷人，令人心曠神怡！

杉並木之道

　　杉並木之道就在「箱根國道 1 號」旁；其實，這裡原本就是江戶時期主要驛道「東海道」的一段。西元 1618 年，江戶幕府在這裡設置「箱根宿」（官方旅館）的同時，栽植了這片杉木林道，作為往來旅人休息之處；夏天可以蔽豔陽，冬天可以擋風雪，功能極佳。如今，因保留下來而成為著名的觀光散步路線。

這段步道並不長，全程走完只需 15 分鐘。沿途可以看到不少青年朋友、戀人、夫妻雙人行或全家福到此散步談心，讓人感受一股甜蜜溫馨的氣氛。

步道兩旁並列著 420 多棵高大杉木，每一棵都有 350 年以上的樹齡，因此也可以將這裡視為一座古老的杉木林區。過去，這裡是往來旅人的歇腳休息站；現在，則成為自助旅行者留下甜美回憶的一段浪漫步道。

杉並木之道
◎ 交通：從箱根關所‧資料館順著散步路線，步行約 3 分鐘就到了。

成川美術館

成川美術館位於蘆之湖畔，館內展示以堪稱箱根第一美景的「蘆之湖富士」畫作及現代日本畫為主，共有 4,000 多件，分四批依季節變化更換展覽。由於蘆之湖畔景色絕佳，從這裡能清楚地看到日本聖山——富士山，因此以這裡的風光作為繪畫內容的作品都能獲得高度評價。

除了欣賞館內的美術作品之外，由 50 公尺高的展望室遠眺，湖上的遊覽船、箱根神社的紅色大鳥居都看得一清二楚；天氣好的時候，還能看到富士山的容顏，也因此吸引許多遊客到此欣賞美景。

成川美術館
◎ 開館時間：09:00-17:00
◎ 休館日：全年無休
◎ 門票：全票￥1,300，學生票（高中、大學生）￥900，半票（國中、小）￥600。
◎ 交通：就在箱根觀光船的元箱根碼頭附近。
◎ 網址：www.narukawamuseum.co.jp

箱根溫泉民宿

ぼう月莊

　　這是一間兩層樓的日式溫泉民宿，共有 6 個房間，可供 28 人投宿，民宿裡有 2 間溫泉浴室提供遊客享受泡湯的樂趣。

　　民宿的環境清靜優雅，老闆娘待人親切，很適合自助旅行者投宿。住宿費一泊二食付（含當天晚餐及隔天早餐）￥7,500，且含稅及泡湯費，但不可刷卡，詳細資料請參閱網頁。

Data

ぼう月莊
◎ 地址：神奈川縣足柄下郡箱根町強羅 1300-333
◎ 電話：（0460）82-3153
◎ 傳真：（0460）82-3153
◎ 交通：
　1. 從「強羅」車站出口右邊的地下通道穿過後，沿著左邊上坡馬路走，約 10 分鐘路程。
　2. 從「公園下」車站右邊的馬路往前直走，約 5 分鐘路程。
◎ 網址：www.hakone.ne.jp/bougetu

伊東溫泉

　　伊豆半島景色迷人，除了蜿蜒曲折的海岸線及獨特的自然美景之外，整座半島蘊藏著豐富的溫泉資源，素有「日本的溫泉半島」之稱。其中「伊東溫泉」水量豐沛，是日本排名第二大溫泉區，溫泉湧出口781個，泉水湧出量每分鐘34,000公升，相當豐富驚人，與「別府」、「熱海」溫泉齊名！

　　伊東溫泉的泉水除了可以浸泡，具有促進血液循環、消除疲勞、養顏美容等功效之外，還能用來製作糕點、泡茶、料理及生飲；再加上伊東港的漁船每天出海，捕撈回最新鮮的漁獲，提供鮮味可口的溫泉海鮮料理，因而吸引大量遊客到此觀光度假。

伊東優惠車票

小田急伊東觀光二日券（伊東觀光フリーパス）

　　從新宿到伊東進行兩天一夜之旅，使用這種車票非常划算。可以一早從新宿出發，利用兩天玩遍伊豆東部，第二天晚上再從伊東搭車回新宿；一趟下來，省下的車資相當可觀！

　　這種車票包含「新宿」至「伊東」的往返電車各一趟，搭乘方式如下：
1. 先從新宿搭乘「小田急電車」到小田原。
2. 轉乘「JR上野東京ライン」電車到熱海。
3. 再轉乘「JR伊東線」電車到伊東；回程方式相同。

　　此外，可以在兩天內不限次數搭乘東海巴士，最遠可以到達「伊豆高原」地區。參觀區域內的博物館、植物園或遊樂設施時，只要出示車票就可以打折，非常划算！

　　每張車票的票價為全票￥4,400，半票￥2,190；售票地點就在新宿車站西口的小田急櫃檯。

東海巴士伊東觀光一日券（伊東觀光フリーパス）

　　除了使用「小田急伊東觀光二日券」暢遊伊東之外，當地也有販售巴士優惠車票，即「東海巴士伊東觀光一日券」，同樣可以省下不少車錢。

　　這是由伊東市東海巴士公司所經營，使用這種車票，可以在一天內不限次數搭乘伊東地區的東海巴士，最遠可以到達「伊豆高原」，參觀沿途的遊樂場、博物館、植物園等設施都有優惠，相當划算！

　　每張車票的票價為全票￥1,300，半票￥650；售票地點就在伊東車站旁的「東海巴士服務處」（東海バス案內所）。

伊東（いとう，Ito）

- 交通指引：
    1. 新宿車站搭乘小田急電鐵「小田原線快速急行」電車→小田原（車資￥880，車程 87 分鐘），轉乘「JR 上野東京ライン」電車→熱海（車程 23 分鐘），再轉乘「JR 伊東線」電車→伊東（車資￥670，車程 22 分鐘）。
    2. 品川車站搭乘「JR 上野東京ライン」電車→熱海（車程 100 分鐘），轉乘「JR 伊東線」電車→伊東（車資￥2,270，車程 24 分鐘）。
    3. 品川車站搭乘「舞孃號特急」（踊り子号特急）電車→伊東（車資￥4,130，車程 97 分鐘）。
    4. 品川車站搭乘「東海道新幹線」子彈列車→熱海（車程 41 分鐘），轉乘「JR 伊東線」電車→伊東（車資￥4,520，車程 23 分鐘）。
- 逛街購物：湯之花通。
- 觀光景點：按針碑（按針祭）、東海館。
- 古剎名寺：松月院。
- 自然體驗：一碧湖、大室山火山口。
- 主題公園：伊豆仙人掌公園。
- 海水浴之樂：橘子海水浴場。

湯之花通（湯の花通り）

　　湯之花通商店街是伊東車站附近最熱鬧、最具代表性的商店街。

　　街道兩旁的特產店，販售各種伊東風味的糕餅、蛋糕、糖果、點心、乾果、燻烤海鮮，以及伊東生產的水果、鮮花等，吸引不少觀光客購買；各式各樣的海鮮料理店、拉麵店、壽司店、居酒屋等，也能滿足遊客的口腹之慾；而且沿途還設有伊

東七福神的塑像和戳章提供遊客蓋章留念。雖然湯之花通是一條典型的小街道，並不寬敞；不過，卻也因此更增添熱鬧溫馨的氣氛。

東海館

　　東海館建於昭和 3 年（1928 年），原本是伊東地區有名的溫泉旅館；平成 9 年（1997 年）停止營業後，即捐贈給伊東市政府。當地政府為了保存這棟具有特色的木造建築物，便於平成 13 年 7 月 26 日整修、規劃完成後，開放給大眾參觀。

　　東海館興建之初，即採用高級檜木、杉木等建材，建造出具有傳統和風風味的三層樓建築，裡面的門廊雕飾都是手工完成，因而成為當時最具代表性的溫泉旅館，每天吸引大量遊客到此投宿，風光一時。如今雖不再營業，但由於建築物整體保存得相當完好，頗有參觀價值。此外，館方也開放溫泉浴室，提供遊客享受在高級旅館裡泡湯的樂趣。

Data
東海館
◎ 開館時間：09:00-21:00
◎ 休館日：每月第三個周二
◎ 門票：全票￥200，半票￥100。
◎ 開放泡湯時間：周六、周日及國定假日 11:00-19:00，男女輪流制；泡湯費全票￥500，半票￥300。
◎ 交通：沿著伊東車站前「駅前いちょう通り」（站前一丁通）向前直走，到「いでゆ橋」前左轉，約 7 分鐘路程。

伊東橘子海水浴場 (伊東オレンジビーチ)

　　橘子是伊東地區的特產之一，光是伊東市就有 30 座觀光橘園，提供遊客享受採橘的樂趣；因此，伊東市最美麗的海水浴場也被命名為「橘子海水浴場」。

　　橘子海水浴場長約 850 公尺，由於在海水浴場外圍設置了防波堤，阻隔大海浪的入侵，提高了海中戲水的安全性；因此，每逢夏季周末，沙灘上坐滿了避暑戲水的遊客，使這裡成為伊東地區最受歡迎的海濱度假勝地。

Data
伊東橘子海水浴場
◎ 交通：伊東車站出口往左走（海邊方向），約 5 分鐘就到了。

按針碑 · 按針祭

　　按針碑就在松川出海口，這座銅像及碑文，主要是為了紀念英國人 William Adam（日文名叫三浦按針）而鑄造，每年 8 月份所舉行的「按針祭 · 海上花火大會」是最主要的紀念活動。

原來，在江戶幕府時代（1619 年）時，德川家康的外交顧問「三浦按針」奉命在伊東松川河口建造兩艘大型的西洋式帆船，噸位分別為 80 公噸及 120 公噸，並在這裡舉行下水典禮。這兩艘大型西式帆船，是日本最早的西洋式船隻，為了紀念這項創舉，才有了「按針祭」的活動。

每年的 7 月 28 日到 8 月 22 日「按針祭」期間，在松川河口舉行大約 10 場的「花火大會」（放煙火）；而主要的祭典活動，則是 8 月 8 日的「放水燈」（灯籠流し）、8 月 9 日的「太鼓合戰」（伊東太鼓陣），以及 8 月 10 日的「按針祭大遊行」（按針祭パレード）這三天。

在祭典的重頭戲「按針祭大遊行」時，主辦單位會特別邀請美國、英國、荷蘭及墨西哥等駐日外交使節參加，使祭典更具國際性色彩，再加上上萬名遊客聚集共襄盛舉，整個遊行活動顯得相當熱鬧有趣！

Data

按針碑
◎ 交通：按針碑與按針祭活動的地點都在橘子海水浴場末端的松川出海口。

松月院

松月院建於平安時代（1183 年），是當時真言宗的僧侶銀秀所創建；到了江戶時代（1607 年），曹洞宗的僧侶宗銀成為住持之後，松月院就變成曹洞宗的寺廟。直到西元 1706 年時，因受到洪水之災，松月院才從鶴峰龜丹遷移到現在的院址。

松月院供奉的神祇除了「釋迦牟尼佛」之外，以七福神中的「弁財天」著名。弁財天是七福神中唯一的女神，源自於印度，是傳授世人智慧、帶來富貴與開運之神，又是愛情與美麗的化身，因此受到眾人的喜愛與膜拜。

境內遍植古松及櫻花，景色幽雅，小橋流水，鐘樓共月，又是伊東著名的文學家「木下杢太郎」家族的菩提寺；因此，這裡也成為文人雅士賞櫻、賞月的名所，又有「櫻之寺」的雅稱。

Data

松月院
◎ 參拜時間：不對外開放
◎ 交通：從伊東車站，步行約 10 分鐘。

一碧湖

一碧湖是伊豆半島唯一的內陸湖，呈葫蘆形，周長約 4 公里，景色宜人，又有「伊豆之瞳」的美稱。

至於湖泊的起源，據說是大約 10 萬年前火山噴發，形成一個圓形的窪坑，由於大量的火山灰淤積堵塞，最後變成一座湖。到了約 4,000 年前大室山火山爆發，噴出的熔岩流入湖中，堆積後變成現在的 12 座小島。

湖畔遍植櫻花及楓樹，湖中倒映著天城連山，構成一幅美麗的風景畫，頗適合親朋好友同遊。每年春、秋兩季，賞櫻、賞楓的人潮一波接著一波，就像湖心的連

漪般盪漾不止。許多熱戀中的情侶相偕至此，乘坐租用的小遊艇，共享遊湖的情趣；也有不少釣客在此享受垂釣之樂。

　　湖邊的「一碧湖美術館」收藏法國現代藝術家卡西奈兒（Cassigneul，カシニョール）的繪畫作品150多件；附近的「一碧湖香水美術館」（香りの美術館）則是以收藏、展示各種香水為主題的美術館，有興趣的朋友可以去參觀看看。

Data
　　一碧湖
◎ 交通：伊東車站前搭乘往「伊豆シャボテン公園」的東海巴士
　　→「一碧湖」（車資￥550，車程27分鐘）。

大室山火山口

　　大室山位於東伊豆中央，高度只有581公尺。根據推斷，大室山是在大約3,700年前火山爆發後所留下的遺跡。自古以來，此地居民就將這座山視為神山，同時也是近海船隻航行時的指引與目標。

　　大室山火山口深度70公尺，直徑300公尺，周長約1,000公尺，像一個翠綠色的覆碗，非常漂亮！許多遊客會沿著火山口邊的稜線散步，一邊眺望大自然的美景；天氣好的時候，相模灣外的「伊豆大島」、《伊豆的舞孃》中的「天城連山」，以及日本聖山「富士山」都看得一清二楚！

　　不同的季節到大室山，可以看到它呈現出不同的風貌。每年3月第二個星期日燒山後，大室山的景色由枯變黑；初春新芽時，漸漸呈現出一片翠綠；仲夏之際，整座山變成深綠色；到了秋天，又被滿山的芒草銀穗所覆蓋；這種種的變化，讓人領略到大自然無限的生命力。

　　遊客可以在山下乘坐「雙人座纜車」直達火山口，纜線全長305公尺，從山下到達山頂，大約4分鐘時間。山頂上也有地藏王菩薩像、淺間神社、射箭場、土產店等，值得一遊！

　　大室山火山口
◎ 纜車營業時間：3月6日至3月15日09:00-16:45，3月16日至9月30日09:00-17:15，10月1日至翌年3月5日09:00-16:15。
◎ 公休日：全年無休
◎ 纜車票（來回票）：全票（國中生以上）¥500，半票（4歲以上）¥250。
◎ 交通：伊東車站前搭乘東海巴士→伊豆シャボテン公園（車資¥710，車程35分鐘），站牌對面就是大室山火山口。

伊豆仙人掌公園（伊豆シャボテン公園）

　　伊豆仙人掌公園裡的五棟大型溫室內，培育了各種奇特又罕見的仙人掌，有扁平形、球根形、長條形、不規則形等，大大小小共有3,500多種，是世界上最著名的「仙人掌公園」之一。

　　園區裡也飼養130多種動物及鳥類，像猴子、袋鼠、小浣熊、小山羊、天鵝、鵜鶘等，供遊客參觀。有些動物及鳥類採取野放方式，在園區內自由自在地漫步，又能和遊客親近，因此受到小朋友們的喜愛。此外，園方所規劃的「動物學習發表會」表演節目，既活潑又有趣，每年都吸引大批遊客到此觀光。

　　伊豆仙人掌公園
◎ 營業時間：3月至10月09:00-17:00，11月至翌年2月09:00-16:00。
◎ 休園日：全年無休
◎ 門票：全票（國中生以上）¥2,300，半票（小學生）¥1,100，幼兒票（4歲以上）¥400，敬老票（70歲以上）¥1,900。
◎ 交通：伊東車站前搭乘東海巴士→伊豆シャボテン公園（車資¥710，車程35分鐘）。
◎ 網址：izushaboten.com

伊東溫泉民宿

梅屋旅館（Umeya Ryokan）

　　這是一間傳統的日式溫泉旅館，兩層樓的木造建築，共有8間房間，可供25人住宿，旅館裡的溫泉浴室可以讓遊客享受泡湯的樂趣。由於旅館一家人就住在1樓，晚上如果要晚點回旅館，應該先告知旅館主人一聲。

　　住宿費一泊朝食付（含隔天早餐）¥5,000，消費稅及泡湯費另加，不可刷卡，詳細費用請參閱網頁。若想再附加晚餐，可用電話或傳真方式與館方聯繫。因距離車站不遠，很適合自助旅行者投宿。

　　老闆娘伊東太太十分親切，很歡迎臺灣客人，如果你會日語，可以向她詢問伊東地區的旅遊資訊，她將很樂意提供服務。

> **Data**
> 梅屋旅館
> ◎ 聯繫時間：10:00-19:00（日本時間）
> ◎ 地址：静岡縣伊東市猪戶 1-6-5
> ◎ 電話：（0557）37-2112
> ◎ 傳真：（0557）37-5085
> ◎ 交通：伊東車站出口右轉，第三條巷子左轉後就到了，約4分鐘路程。
> ◎ 網址：itoumeya.com

特別收錄：東京在地飲食

飲食日語

　　下面列出幾個簡單又實用的飲食日語句型，讀者們務必
熟悉，最好能背起來。

句型：【餐飲名稱】を　ください。 例句：ざるそばを　ください。	請給我【餐飲名稱】。 請給我一份蕎麥涼麵。
句型：【便當名稱】【數量】を　ください。 例句：牛丼便当　二つ(ふたつ)を　ください。	請給我【數量】【便當名稱】。 請給我二個牛丼便當。
句型：【東西名稱】を　見せて　ください。 例句：メニューを　見(み)せて　ください。	請給我看【東西名稱】。 請給我看菜單。
句型：すみません、【茶水】を　ください。 例句：すみません、水(みず)を　ください。	麻煩你，請給我一杯【茶水】。 麻煩你，請給我一杯冷開水。
句型：すみません、【事情】して　ください。 例句：すみません、計算(けいさん)して　ください。	麻煩你，請做【某事情】。 麻煩你，買單(請結帳)。

丼飯（牛丼）

拉麵（鹽味）

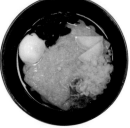

烏龍麵（油豆腐蛋包）

餐飲種類

　　菜單上若標明「大盛り」（おおもり），表示大碗之意；
而「並み」（なみ）是指一般大小的分量。

米食類

日文名稱	中文意思	日文名稱	中文意思
牛丼（ぎゅうどん）	牛肉蓋飯	餃子定食（ギョーザていしょく）	煎餃客飯
天丼（てんどん）	炸物蓋飯	刺身定食（さしみていしょく）	生魚片客飯
親子丼（おやこどん）	雞肉蛋飯	天ぷら定食（てんぷらていしょく）	炸蔬菜客飯
かつ丼（かつどん）	炸豬排飯	牛鮭定食（ぎゅうさけていしょく）	牛肉鮭魚客飯
海老天丼（えびてんどん）	炸明蝦飯	牛丼（ぎゅうどん）セット	牛肉蓋飯套餐
鉄火丼（てつかどん）	鐵板燒飯	おにぎり	飯糰
うな丼（うなどん）	鰻魚飯	ゆで玉子（ゆでたまご）	茶碗蒸
すき焼き丼（すきやきどん）	燒雞飯	お新香（おしんかおり）	泡菜
餃子（ギョーザ）	煎餃	やきとり	烤肉串
味噌汁（みそしる）	味噌湯	ソーセージ	香腸

麺食類

日文名稱	中文意思	日文名稱	中文意思
ざるそば	蕎麥涼麵	博多（はかた）ラーメン	博多拉麵
焼きそば（やきそば）	炒蕎麥麵	冷し中華（ひやしちゅうか）	中華涼麵
きつねそば	油豆腐蕎麥麵	ざるうどん	烏龍涼麵
たねきそば	炸麵粉蕎麥麵	皿うどん（さら）うどん	烏龍乾麵
天丼ラーメン	炸蝦米拉麵	きつねうどん	油豆腐烏龍麵
ワカメラーメン	嫩芽菜拉麵	たねきうどん	炸麵粉烏龍麵
しょうゆラーメン	醬油拉麵	ちゃんぽん	什錦湯麵
味噌（みそ）ラーメン	味噌拉麵	ワンタンーメン	餛飩麵
中華（ちゅうか）ラーメン	中華拉麵	チャーシューメン	叉燒麵
餃子（ギョウザ）ラーメン	煎餃拉麵	ジャージャーメン	酢醬麵
五目（ごもく）ラーメン	五目拉麵	マーボーメン	麻婆豆腐麵
月見（つきみ）ラーメン	生雞蛋拉麵	うどんすしセット	烏龍壽司套餐
喜多方（きたかた）ラーメン	喜多方拉麵	ちゃんぽんセット	什錦湯麵套餐

日式壽司

日文名稱	中文意思	日文名稱	中文意思
あじずし	竹筴魚壽司	かつおずし	鰹魚壽司
あなごずし	星鰻壽司	かにずし	蟹肉壽司
あわびずし	鮑魚壽司	さけずし	鮭魚壽司
いかずし	烏賊壽司	さばずし	青花魚壽司
いくらずし	鮭魚卵壽司	たいずし	鯛魚壽司
いわしずし	沙丁魚壽司	たこずし	章魚壽司
うにずし	海膽壽司	玉子（たまご）ずし	雞蛋壽司
えびずし	蝦仁壽司	まぐろずし	鮪魚壽司

※ すし遇到前面加註說明時，要音變為ずし。

西式咖哩飯

日文名稱	中文意思	日文名稱	中文意思
カレーライス	咖哩飯	チキンカツカレー	雞排咖哩飯
ビーフカレー	牛肉咖哩飯	エビフライカレー	明蝦咖哩飯
コロッケカレー	可樂餅咖哩飯	シーフードカレー	海鮮咖哩飯
カツカレー	豬排咖哩飯	インド風カツカレー	印度味豬排咖哩飯
ハンバーグカレー	漢堡咖哩飯	インド風チキンカレー	印度味雞肉咖哩飯

※ 西式咖哩飯可依顧客需求調整辣度，2倍以上辣度須加收少許費用。
- 甘口（あまくち）：微甜。
- 普通辛（ふつうから）：普通辣。
- 2倍辛（にばいから）：2倍辣。
- 3倍辛（さんばいから）：3倍辣。
- 4倍辛（よばいから）：4倍辣。
- 5倍辛（ごばいから）：5倍辣。
- 6倍辛（ろくばいから）：6倍辣。
- 10倍辛（じゅうばいから）：10倍辣。

西式漢堡、飲料

日文名稱	中文意思	日文名稱	中文意思
ハンバーガー	漢堡	コカコーラ	可樂
チキンフィレ. バーガー	炸雞漢堡	コーヒー	咖啡
シュリンプ. バーガー	蝦肉漢堡	紅茶（こうちゃ）	紅茶
チーズ. バーガー	起司漢堡	ミルクティー	奶茶
チキンナゲット	雞塊	レモンティー	檸檬紅茶
フライポテト	薯條	ミルク	牛奶
ベイクド. ポテト	烤馬鈴薯	ミルクシェイク	奶昔
アップル. パイ	蘋果派	オレンジジュス	橘子汁
野菜サラダ（やさいサラダ）	生菜沙拉	トマトジュス	番茄汁

※ 補充：1. Lサイズ（大杯）、Mサイズ（中杯）、Sサイズ（小杯）。
　　　　2. ホット（熱的）→例如：ホット　コーヒー（熱咖啡）。
　　　　3. アイス（冰的）→例如：アイス　ミルクティー（冰奶茶）。

特別收錄：櫻花祭與紅葉

日本人特別喜愛櫻花與紅葉，每逢櫻花盛開與楓紅時期都會舉行「櫻花祭」與「欣賞紅葉」的活動；尤其「櫻花祭」期間，親朋好友坐在櫻花樹下飲酒、賞櫻，形成特殊的日本文化。如果剛好在這段期間赴日旅行，不妨也安排一天賞櫻、賞楓的行程，體驗日式的浪漫風情。

東京賞櫻名所

新宿御苑（日本全國百選之一）

- 賞櫻期：3月下旬～4月下旬
- 開放時間：09:00～16:00
- 櫻花棵數：1,100 棵
- 門票：全票￥200，學生票（國中、小）￥50。
- 交通：
  1. JR 新宿車站東南口，步行約 10 分鐘。
  2. 東京地下鐵丸ノ內線「新宿御苑前」車站出口，步行約 5 分鐘。

外濠公園

- 賞櫻期：3月下旬～4月上旬
- 開放時間：沒有限制
- 櫻花棵數：240 棵（對岸約 730 棵）
- 門票：免費
- 交通：JR 中央線「飯田橋」車站出來就到了。

中野通

- 賞櫻期：3月下旬～4月上旬
- 開放時間：沒有限制（夜燈投射 15:30～24:00）
- 櫻花棵數：320 棵
- 門票：免費
- 交通：JR 中央線「中野」車站北口沿著「中野通」往前直走，到「新井五差路口」就到了，步行約 5 分鐘。

井之頭恩賜公園
（日本全國百選之一）

- 賞櫻期：3 月下旬 ~ 4 月上旬
- 開放時間：沒有限制
- 櫻花棵數：500 棵
- 門票：免費
- 交通：JR 中央線「吉祥寺」車站南口出來，過馬路往右前方的小路直走進去，步行約 6 分鐘。

代代木公園

- 賞櫻期：3 月下旬 ~ 4 月
- 開放時間：沒有限制
- 櫻花棵數：700 棵
- 門票：免費
- 交通：
  1. JR 山手線「原宿」車站「表參道口」，步行約 3 分鐘。
  2. 東京地下鐵千代田線「代代木公園」車站 4 號出口，步行約 3 分鐘。

千鳥之淵周邊

- 賞櫻期：3 月下旬 ~ 4 月上旬
- 開放時間：沒有限制（夜燈投射 18:00~ 22:00）
- 櫻花棵數：1,000 棵
- 門票：免費
- 交通：東京地下鐵東西線、半藏門線「九段下」車站 2 號出口，步行約 7 分鐘，就在皇居外苑「北之丸公園」裡的護城河。

目黑川之櫻並木

- 賞櫻期：3 月下旬 ~ 4 月上旬
- 開放時間：沒有限制（夜燈投射 18:00~ 21:00）
- 櫻花棵數：800 棵
- 門票：免費
- 交通：東京地下鐵日比谷線「中目黑」車站出口，步行約 5 分鐘。

毛利庭園

- 賞櫻期：3 月下旬 ~ 4 月中旬
- 開放時間：07:00~ 23:00（夜燈投射 17:30~ 23:00）
- 櫻花棵數：85 棵
- 門票：免費
- 交通：
  1. 東京地下鐵日比谷線「六本木」車站地下道直通毛利庭園。
  2. 都營大江戶線「六本木」車站 1b 出口，步行約 5 分鐘。

日比谷公園

- 賞櫻期：3 月下旬 ~ 4 月上旬
- 開放時間：沒有限制
- 櫻花棵數：60 棵
- 門票：免費
- 交通：東京地下鐵日比谷線、千代田線「日比谷」車站 A10、A14 出口出來就到了。

芝公園

- 賞櫻期：3 月下旬 ~ 4 月上旬
- 開放時間：沒有限制
- 櫻花棵數：141 棵
- 門票：免費
- 交通：
  1. 都營三田線「芝公園」車站出來就到了。
  2. 都營大江戶線「赤羽橋」車站「赤羽橋口」出口，步行約 5 分鐘。
  3. 東京地下鐵日比谷線「神谷町」車站 1 號出口，步行約 10 分鐘。

上野公園（日本全國百選之一）

- 賞櫻期：3 月下旬 ~ 4 月上旬
- 開放時間：05:00~ 23:00（夜燈投射 17:30~ 20:00）
- 櫻花棵數：800 棵
- 門票：免費
- 交通：JR 山手線「上野」車站「公園口」出口，步行約 3 分鐘。

隅田公園（日本全國百選之一）

- 賞櫻期：3 月下旬 ~ 4 月上旬
- 開放時間：沒有限制（夜燈投射 18:00~ 21:30）
- 櫻花棵數：943 棵
- 門票：免費
- 交通：東京地下鐵銀座線「淺草」車站，步行約 5 分鐘。

飛鳥山公園

- 賞櫻期：3 月下旬 ~ 4 月上旬
- 開放時間：沒有限制
- 櫻花棵數：650 棵
- 門票：免費
- 交通：JR 京浜東北線「王子」車站南口出來就到了。

播磨坂

- 賞櫻期：3 月下旬 ~ 4 月上旬
- 開放時間：沒有限制（夜燈投射 18:00~21:00）
- 櫻花棵數：120 棵
- 門票：免費
- 交通：東京地下鐵丸ノ內線「茗荷谷」車站往小石川植物園方向，步行約 10 分鐘。

江戶川公園

- 賞櫻期：3 月下旬 ~ 4 月上旬
- 開放時間：沒有限制
- 櫻花棵數：150 棵
- 門票：免費
- 交通：東京地下鐵有樂町線「江戶川橋」車站 1a 出口，步行約 5 分鐘。

東京紅葉景點

新宿御苑

- 紅葉期：11 月上旬 ~ 12 月上旬
- 開放時間：09:00~ 16:00
- 門票：全票￥200，學生票（國中、小）￥50。
- 交通：
  1. JR 新宿車站東南口，步行約 10 分鐘。
  2. 東京地下鐵丸ノ內線「新宿御苑前」車站出口，步行約 5 分鐘。

小石川後樂園

- 紅葉期：11 月中旬 ~ 12 月上旬
- 開放時間：09:00~ 17:00
- 門票：全票￥300，敬老票（65 歲以上）￥150，小學生免費。
- 交通：
  1. 都營大江戶線「飯田橋」車站 C3 出口，步行約 3 分鐘。
  2. JR 中央線「飯田橋」車站東口，步行約 10 分鐘。
  3. 東京地下鐵東西線、有樂町線、南北線「飯田橋」車站出口，步行約 10 分鐘。
  4. 東京地下鐵丸ノ內線、南北線「後樂園」車站「後樂口」，步行約 10 分鐘。

代代木公園

- 紅葉期：11 月中旬 ~ 12 月中旬
- 開放時間：沒有限制
- 門票：免費
- 交通：
  1. JR 山手線「原宿」車站「表參道口」，步行約 3 分鐘。
  2. 東京地下鐵千代田線「代代木公園」車站 4 號出口，步行約 3 分鐘。

北之丸公園

- 紅葉期：11 月下旬 ~ 12 月上旬
- 開放時間：沒有限制
- 門票：免費
- 交通：東京地下鐵東西線、半藏門線「九段下」車站 2 號出口，步行約 5 分鐘。

有栖川宮紀念公園

- 紅葉期：11 月中旬 ~ 12 月中旬
- 開放時間：沒有限制
- 門票：免費
- 交通：東京地下鐵日比谷線「広尾」車站 1 號出口，步行約 5 分鐘。

日比谷公園

- 紅葉期：11 月下旬 ~ 12 月上旬
- 開放時間：沒有限制
- 門票：免費
- 交通：東京地下鐵日比谷線、千代田線「日比谷」車站 A10、A14 出口出來就到了。

清澄庭園

- 紅葉期：11 月中旬
- 開放時間：09:00~17:00
- 門票：全票￥150，敬老票（65 歲以上）￥70，小學生免費。
- 交通：東京地下鐵半藏門線、都營大江戶線「清澄白河」車站 A3 出口，步行約 3 分鐘。

上野公園

- 紅葉期：11 月下旬 ~ 12 月上旬
- 開放時間：05:00~23:00
- 門票：免費
- 交通：JR 山手線「上野」車站「公園口」出口，步行約 3 分鐘。

六義園

- 紅葉期：11 月下旬 ~ 12 月上旬
- 開放時間：09:00~17:00（夜燈投射 18:00~21:00）
- 門票：全票￥300，敬老票（65 歲以上）￥150，小學生免費。
- 交通：
  1. JR 山手線「駒込」車站南口，步行約 10 分鐘。
  2. 東京地下鐵南北線「駒込」車站 2 號出口，步行約 6 分鐘。

日本 **夏日風情** 旅遊手冊

特別收錄：製作旅遊手冊

1. 輸入旅遊計畫

使用電腦的 Microsoft Word 輸入完整的旅遊計畫，包含班機時刻、每日行程、住宿旅館、交通方式及車資等。例如：

7/05（日）

臺北→東京　桃園機場第二航廈（達美 DL172，10:05）→東京成田機場第一航廈（14:50）

新宿通、歌舞伎町（宿：新大久保旅館 6 晚）

※ 成田機場搭乘「京成線特急」電車（￥1,030）→日暮里（轉乘 JR 山手線，￥170）→新大久保。

※ 旅外國人急難救助專線：001-010-800-0885-0885 或 0033-010-800-0885-0885。

※ 臺北駐日經濟文化代表處，地址：東京都港區白金台 5-20-2，電話：（03）3280-7811。

※ 新宿通、歌舞伎町：新大久保搭乘「JR 山手線」→新宿（￥140）。

7/06（一）

原宿竹下通、香榭大道、明治神宮、涉谷中心街

※ 原宿：新大久保搭乘「JR 山手線」→原宿（￥160）。

※ 涉谷：原宿搭乘「JR 山手線」→涉谷（￥140）。

7/07（二）

東京迪士尼樂園一日遊

※ 迪士尼樂園：新大久保搭乘「JR 山手線」→東京轉乘「JR 京葉線」→舞浜（￥390）。

2. 設定內頁版面

開啟 Microsoft Word 空白頁，點選「版面配置」裡的「版面設定」。方向選擇「橫向（S）」，邊界設定為上、下 1 公分，左、右 2 公分。

接著選擇「插入表格 2×N」（N 依照個人行程需求設定數字），亦即以 A4 紙張對折作為內頁版面，並依序將每日行程複製到表格中。全部複製完成後，將表格下緣往下拉至每頁底部，使用表格工具中的「無線框」方式隱藏格線，並列印出來。

3. 裝訂內頁成冊

影印所需要的份數，並依照內頁順序裝訂好。

4. 設計個人封面

使用有顏色且稍厚的紙張設計手冊封面，標題依個人喜好自訂，如：東京夏日逍遙遊、我和寶貝的東京旅行、我的全家福東京之旅、我和老伴的東京二度蜜月、東京冬之戀物語等，只要符合自己想要的意涵就可以。

5. 完成旅遊手冊

最後，將設計好的封面黏貼好，就完成具有個人特色的旅遊活動手冊了！

國家圖書館出版品預行編目資料

東京電車自助超簡單 ／ 黃德修文.攝影. -- 二版.
-- 臺北市：華成圖書，2015.10
　面；　公分. -- (GO簡單系列；G0202)
ISBN 978-986-192-257-7(平裝)

1.火車旅行 2.日本東京都

731.72609　　　　　　　　　　　104014872

GO簡單系列　G0202

東京電車自助超簡單（全新修訂版）

作　　者／黃德修

出版發行／華杏出版機構

　　　華成圖書出版股份有限公司
　　　www.far-reaching.com.tw
　　　台北市10059新生南路一段50-2號7樓
　　戶　　名　華成圖書出版股份有限公司
　　郵政劃撥　19590886
　　e-mail　huacheng@farseeing.com.tw
　　電　　話　02 23921167
　　傳　　真　02 23225455
　　華杏網址　www.farseeing.com.tw
　　e-mail　fars@ms6.hinet.net
　　華成創辦人　郭麗群
　　發 行 人　蕭聿雯
　　總 經 理　熊芸
　　法律顧問　蕭雄淋・陳淑貞

　　總 編 輯　周慧珒
　　企劃主編　蔡承恩
　　企劃編輯　林逸叡
　　執行編輯　張靜怡
　　美術設計　陳琪叡
　　印務專員　何麗英

定　　價／以封底定價為準
出版印刷／2012年11月初版1刷
　　　　　2015年10月二版1刷

總 經 銷／知己圖書股份有限公司
　　　　　台中市工業區30路1號　　電話 04-23595819　　傳真 04-23597123

☺ 讀 者 回 函 卡

謝謝您購買此書,為了加強對讀者的服務,請詳細填寫本回函卡,寄回給我們(免貼郵票)或
E-mail至huacheng@farseeing.com.tw給予建議,您即可不定期收到本公司的出版訊息!

您所購買的書名/_____ 購買書店名/_____

您的姓名/_____ 聯絡電話/_____

您的性別/□男 □女　　　您的生日/西元_____年_____月_____日

您的通訊地址/□□□□□_____

您的電子郵件信箱/_____

您的職業/□學生 □軍公教 □金融 □服務 □資訊 □製造 □自由 □傳播
　　　　　□農漁牧 □家管 □退休 □其他

您的學歷/□國中(含以下) □高中(職) □大學(大專) □研究所(含以上)

您從何處得知本書訊息/(可複選)

□書店 □網路 □報紙 □雜誌 □電視 □廣播 □他人推薦 □其他

您經常的購書習慣/(可複選)

□書店購買 □網路購書 □傳真訂購 □郵政劃撥 □其他_____

您覺得本書價格/□合理 □偏高 □便宜

您對本書的評價(請填代號/ 1.非常滿意 2.滿意 3.尚可 4.不滿意 5.非常不滿意)

封面設計_____ 版面編排_____ 書名_____ 內容_____ 文筆_____

您對於讀完本書後感到/□收穫很大 □有點小收穫 □沒有收穫

您會推薦本書給別人嗎/□會 □不會 □不一定

您希望閱讀到什麼類型的書籍/_____

您對本書及我們的建議/

華杏出版機構

華成圖書出版股份有限公司　收

台北市10059新生南路一段50-1號4F　TEL/02-23921167

〈沿線剪下〉

（對折黏貼後，即可直接郵寄）

😊 本公司為求提升品質特別設計這份「讀者回函卡」，懇請惠予意見，幫助我們更上一層樓。感謝您的支持與愛護！

www.far-reaching.com.tw　　請將 G0202 「讀者回函卡」寄回或傳真 (02) 2394-9913